**Marins d'eau douce...
en vacances !**
*est le premier livre
publié par Les Éditions Mer et mots*

Marins d'eau douce... en vacances !

Le grand récit d'un petit voyage

Lucie Octeau

*À la douce mémoire
de nos années Rocky*

Merci

à Anthony, le chaînon manquant,

à tous ceux qui n'ont pas peur
de partager le plaisir
de naviguer le Fleuve et le Golfe
même avec un petit voilier,
les David...

Non merci
à tous ceux qui entretiennent le mythe
et la mauvaise réputation du Fleuve,
les Goliath...

Un merci tout précieux à mon Capitaine,
qui a vraiment l'instinct du navigateur
dans la peau
et grâce à qui j'ai envie d'aller plus loin.

Finalement, merci Griserie.
Tu nous as fait le plus beau des cadeaux :
celui de nous laisser faire équipe avec toi !

Avis au lecteur

Ce livre n'est pas et ne sera jamais un grand récit de voyage. Mais il raconte le récit de notre premier grand voyage.

Vous n'y verrez pas les couleurs de l'océan Pacifique mais celles du Fleuve Saint-Laurent. Vous n'y sentirez pas le parfum de la muscade des Grenadines mais bien celui, aussi discret qu'impossible, des Coudriers de l'Isle-aux-Coudres. Vous ne visiterez pas les atolls des Tuamotu mais bien l'archipel de l'Isle-aux-Grues. Vous n'assisterez pas à des records de navigation parcourus en solitaire mais au voyage tout simple de deux marins d'eau douce heureux de pousser leurs limites en dehors du Lac des Deux-Montagnes. Vous n'entendrez pas les fameux rugissements des océans au passage du Cap Horn mais vous devinerez la symphonie des célèbres clapots du Fleuve à l'embouchure du Saguenay, face à Tadoussac. Vous ne saurez pas les cabrioles des dauphins mais serez témoins de la curiosité des bélugas.

Finalement, vous n'apprendrez pas grand chose de la navigation. À part le plaisir qu'elle procure aux marins. À chaque instant. Peu importe les lieux, le décor ou l'ampleur du défi. Et vous comprendrez, peut-être, mon envie de vous le partager.

ONCH !

Griserie : *n.f. Excitation comparable aux premiers effets de l'ivresse. V. Étourdissement, exaltation, ivresse. Griserie de grand air. (Petit Robert)*

Première partie

Avant

Chapitre 1

J'écris avant, pour marquer le temps.

Avant le départ, mais après l'appel. Après 10 années passées à faire des ronds heureux sur le Lac des Deux-Montagnes, voilà que ça nous a pris. Il aura suffit d'un petit moment de paradis, trois fabuleuses journées du Côté du soleil et voilà notre belle sédentarité éclatée en embruns salés.

Alors ça y'est. Nous nous préparons à la belle aventure. Nous amenons notre *Griserie* voir le Fleuve. Destination Tadoussac.

Notre *Griserie*, c'est notre voilier. Un Georgian de 23 pieds conçu dans la Baie Georgienne en 1971. Le 24e spécimen d'une courte lignée d'une cinquantaine de bateaux conçus par ce constructeur. Un haut franc-bord, une cabine ultra logeable... pour un 23 pieds du moins. Le *Griserie* nous aura tenu compagnie pendant d'innombrables escapades d'un jour. Combien de pic-nics sur l'eau, de randonnées de quelques heures, de petits soupers mémorables, de sorties de quelques jours... tant et tellement que nous allions, je crois, arriver bientôt au point où ça ne nous amusait plus. Plus assez du moins. On avait même parlé de le vendre à quelques reprises. Nous n'avions pas compris ce que le *Griserie* nous réclamait. Il nous invitait simplement à prendre le large à son bord. Mais il y avait, parmi l'équipage, une peureuse à la vue courte.

Aussi, quand, par hasard ou par accident, on s'est retrouvés en janvier 2000 sur un voilier sur la mer des Antilles, j'ai bien été la première étonnée de me sentir aussi à l'aise dans la grandeur bleue. Bon, je l'admets, le temps était favorable à un apprivoisement en douceur. En d'autres mots, ça ne brassait pas plus qu'un dimanche après-midi par bon vent à Oka. Je n'ai donc pu qu'aimer la chose. Quant à l'expérience de me faire brasser... je sais bien que je ne perds rien pour attendre.

Donc, depuis notre retour de voyage le 21 janvier dernier, mon esprit a viré bateau. Je regarde vers Hudson et me dis que ça sera à peu près la dimension d'une baie, une fois sur le fleuve. Je regarde les vents d'orage et j'imagine le *Griserie* encaisser les coups, se laisser bardasser bravement... et je me conditionne à faire de même. On verra bien si je sais me convaincre.

* * *

Depuis la mi-avril, la préparation au voyage s'anime. D'abord, on a choisi de s'inscrire à un cours de navigation côtière à l'Institut maritime. Nous ne voulons pas faire Tadoussac pour aller faire poinçonner notre passeport et revenir parce que c'est accompli. Nous voulons faire Tadoussac pour en savourer chaque instant, sans battre de records et sans y risquer notre peau. Trop d'histoires racontent les misères de plaisanciers s'étant pété la gueule dans les clapots du Fleuve, trop de gens ont dit qu'ils avaient vraiment

18

commencé leurs vacances à l'instant où le bateau était embarqué sur un ber... Nous ne voulons pas que ça soit notre histoire. Alors, nous prenons les moyens qu'il faut pour que le voyage soit le moment d'une respectueuse complicité entre le *Griserie*, le Fleuve et nous.

Parce qu'après Tadoussac, je rêve déjà à la Gaspésie. Pendant les deux derniers étés, la Gaspésie nous a attirés et séduits. Un premier tour, par les routes asphaltées bien entendu, nous a permis de découvrir la rive Nord de la péninsule gaspésienne, et de trouver en elle une beauté qui nous émouvait. Beauté me semble trop peu. Mais splendeur, immensité ou magnificence feraient trop cliché. Auraient l'air moins vrai. La côte gaspésienne aborde le Fleuve (à moins que ce soit l'inverse ?) dans une beauté parfaite. Et nous nous y sommes sentis chez nous. Avec un goût de venir y vivre un jour, après Oka.

Aussi, lorsque nous aurons vécu Tadoussac, j'espère bien que nous irons retrouver notre chère amie, cette belle gaspésienne, pour un deuxième voyage dès l'an prochain. Et après, ça sera sans doute la Minganie et les Îles de la Madeleine. Et ensuite, doucement, la descente vers le Sud (on parle habituellement de descentes aux enfers... j'espère qu'il n'y a pas de lien !). Mettons tout ça sur 10 ans. Négociable en accéléré si Loto Québec veut bien jouer avec nous !

Pour l'instant, on doit donner au *Griserie* les outils qu'il lui faut pour vivre agréablement le voyage : parer le bateau et son équipage. Le défi quant à l'équipage, c'est moi. Et je veux suffisamment pour croire que je serai à la hauteur.

Première étape : frotter le bateau. Changer ses voiles. Acheter un GPS. Un compas, un profondimètre, un indicateur de vitesse, des fusées de détresse, des manteaux imperméables flottants. Installer des rangements. Entretenir la coque. Refaire le bois. Vérifier le haubanage. Tester la radio. Et j'en passe et j'en oublie. Nous prenons les semaines entières pour planifier tout ça et les fins de semaine à tenter d'avancer un peu. Tout en étudiant les cartes, en pratiquant le travail de traçage de routes à l'estime, en se documentant sur les caprices du parcours qui nous attend. Le plaisir est déjà commencé. Du moins, faut-il savoir prendre le temps de considérer toute cette préparation comme le début du voyage. C'est ce que je crois. Et ce que je fais. Et c'est pour ne pas l'oublier que déjà j'écris. Au cas où le vent virerait en cours de route.

Première brise

Elle n'a prise que sur mon esprit cependant.

Errant à travers les courants
à la dérive entre les rives.

Ici, plus besoin d'indices boursiers pour mesurer la vie
pas besoin d'un marathon pour sentir qu'on relève un
défi.

Chaque instant devient un doux combat entre la
splendeur fauve du Fleuve, sa violente sensualité, qui
s'impose, au bateau comme à l'équipage, en rage,
suppliant qu'on le respecte pour que son accueil soit juste
un peu plus cordial.

Attends-moi l'instant,
Sois patient Saint-Laurent.
Je me prépare
Et je viens vers toi.
J'essaierai que tu ne sois pas déçu de ma présence.

Chapitre 2

Samedi dernier, on s'est fait un nouvel ami. On est allés le chercher, on a appris un peu à le connaître, comprendre ses besoins, et on lui a fait sa place à bord dès dimanche. René l'a baptisé *Bidoune*. Et ça lui va bien. C'est notre lecteur bidata, profondimètre et lecteur de vitesse à la fois. En lui donnant un nom, on a l'impression de s'en faire un allié. Lui montrer qu'on l'aime déjà, et qu'on s'occupera de lui. Et qu'on s'attend à ce qu'il fasse de même ! L'air de rien, l'équipage s'élargit...

Dommage que *Bidoune* n'ait pas de bras pour nous aider à astiquer le bateau. On prendrait bien un coup de main. Sable à gauche, décrasse à droite, patch dans l'milieu... C'est *Nocturne*[1] qui va nous trouver beaux !

Pour l'instant, en ce gris jour de mai, le plus difficile est de travailler. Dans le sens de gagner notre vie. J'ai l'impression inconfortable mais profonde de perdre mon temps de vie au profit d'une cause autre que la mienne ! René réussit à se convaincre que chaque journée de boulot vaut la peine puisqu'elle est notre passe-partout vers les sous nécessaires aux vacances. Notre skipper-guadeloupéen-d'adoption en arrive à se convaincre de jouer les 9 à 5 en se conditionnant sur la petitesse du compte à rebours qui le sépare de sa prochaine évasion.

---

[1] *Nocturne* est le surnom donné par ma biologiste de cousine à un rorqual commun qui passe chaque année dans le secteur Nord-Est du Parc marin du Saguenay – Saint-Laurent.

Pas moi. Une fixation démoniaque me visse à temps plein sur la perte de jouissance du temps qui passe pendant que je « gagne ma vie ». Ça ne tient pas debout. Mon indicateur de gîte interne se sent comme au milieu d'une bourrasque qu'il n'aurait pas vu venir. J'espère qu'il n'est pas rancunier. Mais qu'il a de la mémoire. Peut-être pourrai-je un jour m'habituer...

Bourrasque

D'un coup tu veux arracher mon quai.
Ta vague, étrangement précise,
soulève l'équilibre de mon port d'attache.
Moi, pourtant si solide...
Ton horizon a raccourci mes amarres.
Je n'y vois plus que ce que je sens me retenir.
À longueur de semaine, sans y trouver la joie.

Heureux les creux
de vagues.
Ils ne se retiennent pas longtemps
avant de prendre le large.

Chapitre 3

Les mardis, on a notre cours de navigation. Des chiffres, des formules, le Nord vrai, le magnétique, celui tout tordu par le compas... de quoi avoir la tête grosse. Mais étrangement, on s'y fait. Au début du cours, on lit une question qu'on ne comprend même pas et 2 heures 30 minutes plus tard, sans cligner des yeux, compas au poing, on attaque la carte et sa question avec l'intensité du marathonien qui ne se rend même pas compte qu'il est à bout de souffle.

Oups, parlant de dernier souffle... Belzébuth est orphelin. Pendant que René vernit les mains courantes, en cette froide soirée pluvieuse du mois de mai, la mauvaise radio, celle qui crache son grichage pendant les corvées de peinture, vient d'annoncer la mort de Dédé Fortin, le chanteur des Colocs, qui meuble presque tous nos samedis matins avec son hymne aux chats. 38 ans. Poignardé. On saura demain comment, sinon pourquoi. Ça nous secoue un peu. Beaucoup. Un gars ordinaire. Comme n'importe qui. Mais qui ne profitera plus de la vie. Y'a de ces nouvelles qui te servent de munitions quand tu fais justement de nouveaux choix de vie...

Pour revenir au cours d'hier, le cours des choses finalement, il m'a porté à délirer un brin. Dans l'auto, au retour du cours de navigation, j'ai mis en paroles mon étonnement, ma fascination face à cette chose qui fait le lien entre découverte, aventure, connaissance et reconnaissance. Dans mon état d'esprit actuel, je me laisse surprendre par l'effet que, je crois, me fera mon voyage sur le Fleuve Saint-Laurent. "Mon" Fleuve. Je pressens à l'avance une sorte de fierté, ridicule à mon avis, qui me donnera l'impression de "posséder" le Fleuve, chacune de ses baies, chacune de ses bouées, chacun de ses hauts-fonds. Les noms sur la carte, je le sais, bientôt m'appartiendront. J'y serai chez moi. Je m'en vais m'approprier le Saint-Laurent. Cette âme de conquérant, de conquistador, franchement, me fait un drôle d'effet.

Quand j'ai partagé cette réflexion avec René, dans le noir et sous la pluie qui cognait fort la tôle du toit de la voiture, il n'a pas semblé plus surpris que ça. Les hommes seraient-ils génétiquement conçus pour la conquête ?

Tout simplement, René a fait le parallèle entre mon impression et notre façon de parler de "notre" lac, de "notre" baie, de "notre" rivière aux serpents, "nos" hérons, "nos" grenouilles... Sentiment normal qui viendrait avec le fait de connaître, de se sentir chez soi mais aussi, et c'est ce que j'ai aimé dans son explication, qu'il y a dans ce sentiment un lien de possession... mutuel qui s'installe entre le lieu et nous. Pour bientôt donc, un lien mutuel qui s'installera entre le Fleuve et nous. Dès qu'on y sera, Tadoussac ne sera plus la même, par notre simple présence. Quand le *Griserie* s'y ancrera, cette baie deviendra différente. De nous...

Bon. De là à ce que ça me donne le droit de dire "mon" Fleuve et "mes" rives, j'ai peut-être sauté une étape dans mon affaire... mais enfin, l'image est tout de même préservée. Et quand nous passerons le Phare du Haut-

Fond Prince, nous connaîtrons définitivement et pour la vie, le Phare du Haut-Fond Prince.

Dzeus que j'ai hâte !

* * *

Robert Charlebois "habite un Fleuve, en haute Amérique, presque océan, presque Atlantique..."

Il le chante aux Guadeloupéens depuis des années. Si bien que ceux-là reconnaissent le Fleuve à travers notre accent. L'hiver dernier, quelques navigateurs de là-bas rêvaient même de faire glisser un jour la carène de leur bateau sur l'eau grandiose de notre Fleuve à nous ! Et leurs yeux s'allumaient à cette idée, rien qu'en nous parlant. Est-ce que, déjà, ça transpirait de nous ? Sans y être encore jamais allés, est-ce qu'on peut porter en nous le mystère et la beauté de notre Fleuve ? Par notre simple accent ? Par notre simple présence ? Lorsqu'on est ailleurs ?

Ou bien, est-ce que déjà, même à notre insu, nos yeux s'illuminaient aussi, simplement de raconter sa beauté ? Sommes-nous simplement en train d'accomplir notre route, une route tracée d'avance ?

* * *

Tout va bon train. La préparation, la théorie, l'étude... J'aurai tout ce que le Fleuve demande. J'accumule le bagage qu'il faut. Pourtant...

Au-delà des calculs, de la dérive et des vecteurs, je garderai une inconnue jusqu'après l'Île d'Orléans : quel impact le large aura-t-il sur moi ? Après le dernier tournant, quand les rives du Fleuve ouvriront généreusement leurs bras pour nous accueillir, aurai-je le vertige ? Est-ce qu'on sent l'immensité sous le mouvement du bateau ? J'ai l'impression que je vais agripper la main courante et que la tête va me tourner un instant. En fait, j'espère un peu cet état. Cet instant où l'image sera si grande qu'en passant par mes yeux elle va m'emplir la tête, tout en prenant soin de bien expédier par-dessus bord tout ce qui l'occupait auparavant. Un large paquet d'air et d'espace devant nous, dont il ne faudra pas rater de s'empiffrer. Les mains cramponnées au bastingage s'il le faut. À s'en étourdir...

Oui. J'espère que je saurai l'apprécier ce vertige. Que je ne vais pas bêtement le confronter à ma raison, ma traître rationalité, celle qui a le réflexe d'avoir peur dès que la terre est trop loin devant moi. Je m'écris pour me rassurer. Pour me rappeler à moi-même que je saurai toujours où je suis. De la même façon que je saurai qui je suis... même si on n'a pas de miroir à bord !

* * *

En ce mercredi matin de délinquance (il n'est pas même 8 heures mais comme j'ai l'habitude de commencer ma journée vers 7 h 15, je me sens coupable !), j'observe le ciel d'acier et la pluie qui tombe en déluge. Sombre comme ça et mouillé comme ça, le temps ose rarement tenir longtemps. On va sûrement en frapper des temps de chiens quand on sera là-bas. Au fait, il ne faudra pas oublier d'embarquer les cirés. Et des sacs à poubelles et des bottes à jambes, tant qu'à y être ! D'autant plus que nos cirés sont plus près de l'habit des vidangeurs que de celui d'Éric Tabarly. On serait peut-être mieux de prévoir des "wet-suits" à la place...

Mais je reviens à mes moutons (tiens donc ! c'est bien la première fois que j'utilise cette expression à bon escient !). Après l'orage, quand la pluie se calme un peu, quel plaisir que de percevoir un petit filet de lumière, promesse céleste du beau temps à venir. Ciel lumineux ou ensoleillé qui, pourtant n'aura jamais été plus loin que juste derrière les nuages. Pour moi, cela mérite d'avoir la foi. De croire. En Dieu, même s'il ne s'agit pas du même gars ni de la même histoire pour chaque marin, pour chaque matelot.

Dans la religion catholique, on parle de Jésus comme d'un berger, et de ses ouailles comme de ses brebis. Et si on se réinventait l'histoire, juste pour le plaisir...

* * *

31

Ok. Mettons que Jésus se serait plutôt appelé Jos. Ou Bob, pourquoi pas. Et qu'il était le gardien d'un phare majestueux, planté au beau milieu du Fleuve Saint-Laurent. Une affaire haute comme dix fois la Toupie, à la porte du Saguenay. Mais qu'étrangement, personne n'a jamais vu. Parce qu'elle est en verre, donc transparente. Et notre Bob, parachuté là par on ne sait quel hasard, quel avion ou quelle crise d'amnésie, devient le guide de tous les marins d'eau douce décidant d'accéder au Fleuve par un beau dimanche matin. Personne n'a jamais vu Bob. Ni ne lui a jamais parlé. Il n'a pas d'émetteur radio, pas d'antenne, n'est pas détectable au radar (parce que ça méga-toupie-divine est en verre et en papier-mâché). En fait, Bob et sa toupie flottent, aux grés des vents, des marées et des courants. Certains comiques prétendent qu'il est partout. Au fond, il est toujours derrière ceux qui dérivent, au cœur des tempêtes. C'est pour ça qu'il se déplace. Par beau temps, donc, impossible de le voir. Et dans la tempête, évidemment, même s'il est toujours tout près, on n'arrive pas à percevoir sa tour de verre...

Aussi, depuis toujours, Bob Latour est l'inspiration de tous. Plusieurs capitaines passeront des dimanches et des dimanches à le chercher, pour être plus près de lui, pour en apprendre plus sur le Grand Fleuve. Certains s'en rapprocheront vraiment, en le priant de se montrer. Parfois, ceux-là ou d'autres, l'imploreront de se manifester parce qu'ils se croiront perdu au milieu d'une tempête. Et Bob restera caché. Introuvable. Parce que lui seul, de sa tour si haute, saura que la frêle embarcation n'est au prise qu'avec un tout petit nuage. Qu'elle n'a qu'à poursuivre sa route pour revoir le soleil.

Et garder confiance qu'en cas de vrai coup dur, Bob Latour sera toujours là pour lui venir en aide.

D'autres marins seront plus impatients et tenteront leur chance à temps plein pour rencontrer Bob. Ceux-là en viendront à bien connaître le Grand Fleuve. Et aideront les petits marins du dimanche en cas de petits pépins. Mais une fois, les petits marins se rendront compte que les grands marins ne sont pas toujours de bons repères puisqu'ils naviguent parfois à voile, d'autres fois à vapeur, parfois dans de tous petits vaisseaux... Mais ça, c'est une autre histoire.

Finalement, avec le temps, et avec les équipements électroniques se raffinant à bord des embarcations de plaisance, un plus grand nombre de marins attaqueront le Grand Fleuve en toute confiance, convaincus de ne jamais avoir à chercher, ni surtout à rencontrer et encore moins à avoir besoin, de Bob Latour.

Jusqu'au jour où ils percevront un tout petit filet de lumière particulièrement éclatant au milieu d'une tempête. Ou un arc-en-ciel par un jour déjà ensoleillé. Ce jour-là, ils pourront, s'ils ont la foi, comprendre qu'il s'agit d'un tout petit rayon de soleil traversant les parois de verre de la tour de Bob. Et sinon, je leur souhaite simplement de savourer l'instant. Et à moi aussi.

Tiens. Ça valait la peine d'avoir la foi. Quelques heures plus tard à peine, le ciel est bleu et le soleil chauffe la couenne aux tourterelles qui roucoulent à ma fenêtre. Merci Bob.

Chapitre 4

"Quand-est-ce qu'on part ?"

Ça fait changement de l'éternel "quand-est-ce qu'on arrive ?" Hein ? Pourtant, c'est aussi long d'attendre. Peu importe la direction.

Et pour l'instant, écrire me rapproche du voyage. Comme si, en ce moment, je pouvais deviner à la fois le vertige, l'inconnu, l'immensité du chemin à parcourir, pour arriver à une destination qui peut aussi bien changer en cours de route, si le vent tourne ou si le brouillard s'amène.

Je serais aussi tentée de croire que pendant que je crée des mots, des pages, je tends vers l'infini. Tiens, c'est ça. La page blanche est ma route, une route vierge, encore inexplorée. De moi surtout.

Laisser couler les lettres sur l'écran, ou sur le papier, me permet de sentir le flot, le mouvement qui s'étend, vers quelque chose, vers quelque part. "Après l'histoire de l'art et de la création selon Henry Miller[2], tout droit sortie de la cale de son bateau, la matelot Octeau, auteure de la célèbre oeuvre de la Création par le Fleuve".

Bon. Je pense que je dois avoir faim. Ou envie. J'hésite.

---

[2] Les livres de Miller, particulièrement Sexus, m'étaient apparus comme le plus bel hymne à la création… à l'époque.

* * *

Une fille dans une cour à bois. Quel drame ! Tant pour la fille que pour le bois, euh, le gars.

Je suis passée à la quincaillerie plus tôt aujourd'hui, question de ramasser les pièces de bois qui me seront nécessaires pour la fabrication de quelques rangements supplémentaires à bord. Entre autres, un coin bien pensé pour la bibliothèque de bord. Et deux ou trois bords de tablettes pour se garder quelques items à porter de main. Le *Griserie* n'a pas vraiment ça à date. En fait, pour les balades du dimanche après-midi, on avait tout juste besoin d'un trou pour lancer appareil photo, téléphone cellulaire et magazines. Là, on a besoin d'un lieu fiable pour le rouleau de cartes, une boîte pour le compas et la règle parallèle, un casier à portée de main pour l'atlas des courants et la table des marées, etc. Notre bateau est tout de même assez petit. À 23 pieds, mieux vaut savoir d'avance à quel endroit on va pendre les cirés dégoulinants sinon c'est la bouffe, les vêtements et les cartes qui peuvent être détrempés !

Alors me voilà à la quincaillerie avec mon ruban à mesurer, mon croquis et ma carte de guichet. Pas de veine, ils n'ont pas les pièces de 8 pieds en 3/4 X 1/2 que je cherche. Je choisis donc un morceau de bois de huit pieds, mais trois fois trop large. J'ai besoin de deux coupes pour m'en faire trois longueurs de la bonne dimension. Essaie d'expliquer au gars, quand t'es une fille, en jupe, et que déjà tu ne te sens pas vraiment chez vous dans la cour à bois, que tu veux faire couper cette latte de huit pieds en trois morceaux... sur le sens de la longueur !!! Pourquoi j'ai l'impression qu'il me regarde de travers ?

Toujours est-il que j'ai finalement réussi à obtenir mes trois longueurs de mini-lattes comme je les voulais. Maintenant, reste à voir si mon plan avait du sens. Ou si j'aurais dû me fier à la grimace du vendeur. C'est ce que nous saurons peut-être... samedi ! Pas vraiment avant puisque les fins de semaines sont à toutes fins pratiques le seul moment que nous avons pour travailler sur le bateau. En semaine, quand la journée de travail s'achève, un petit rituel maison s'installe. Il commence parfois (sinon à peu près toujours) par le petit 5 à 7 : houblon ou raisins fermentés, selon l'arrivage du jour. Et c'est la pause tendresse. Le plus souvent bavardage et lecture. Aujourd'hui, ce sera sans doute sur la terrasse, à l'arrière, en appréciant le lilas fraîchement éclos et le papotage des oiseaux.

Plus tard, après le repas, on est tout juste bons pour lire encore un peu, mouiller les kayaks dans le coucher de soleil, rarement prendre une marche, et on tombe au combat, parfois même avant la noirceur. Alors évidemment, il est hors de question qu'on aille bizouner au bateau la semaine : un plan pour qu'on s'endorme sur le pont !

Samedi matin, je mettrai le plan de mes tablettes à l'épreuve. (Ne pas oublier de les teindre et vernir avant, sinon, je prolonge les corvées merdiques pour une autre semaine !) Le vernissage (dans le vrai sens de l'affaire) peut se faire à la maison en semaine. En fait, je dois même me retenir à deux mains pour ne pas faire ça le jour, au lieu de travailler ! La seule chose qui me retienne à l'écran dans ces moments-là, c'est d'écrire pour me le raconter. Un compromis juste très relativement acceptable si l'on considère que pendant ce temps-là, je ne travaille pas plus ! Mais au moins, ça me calme en moins de 10 minutes !

* * *

Depuis le départ de cette belle aventure, c'est-à-dire l'idée de partir, la destination a toujours été Tadoussac. Tadoussac parce qu'en y passant rapidement à la fin de nos vacances "automobilisées" de l'été dernier, l'endroit nous avait séduit. On avait bien essayé de retourner à Grandes-Bergeronnes et Tadoussac en septembre, pour une escapade en kayak mais la semi-paralysie de notre vieux Rocky nous avait fait changer nos plans à la dernière minute. On était donc restés sur notre faim.

Tadoussac aussi parce que c'est le port d'attache estival de notre copain rencontré Côté Guadeloupe l'hiver dernier. Depuis notre retour en janvier, on s'écrit fréquemment, par courrier électronique. Ce gars-là aura été notre muse. Le chaînon manquant entre le Lac des Deux-Montagnes et le Fleuve Saint-Laurent. Notre voie maritime à nous. Et comme il vit sur son voilier à Tadoussac tout l'été, entre deux tours de zodiac (il conduit les touristes-mammifères-terrestres aux touristes-mammifères-marins), nous aurons l'occasion d'aller le saluer sur place. Il nous a même invités à l'y rejoindre pour quelques jours de voile ensemble. Mais, nous savons que nous n'allons pas à Tadoussac pour lui. Nous allons à Tadoussac grâce à lui...

Bien que Tadoussac m'attire, la Gaspésie, elle, m'appelle. Elle continue de me fasciner. Impossible d'y résister. Et pour m'encourager dans mon doux délire, je suis tombée ce matin sur un article paru dans une vieille revue de voile. Une petite famille sur un quillard de 23 pieds qui raconte ses escales le long de la péninsule Gaspésienne. Tout en ramassant le filet de bave qui me dégoulinait sur le bord de la bouche pendant que je lisais l'article, j'ai commencé à prévenir mon Capitaine de cette prévisible envie que j'aurais peut-être de m'épivarder le long de la belle Gaspésienne aussitôt qu'on aurait croisé la Toupie[3] à deux ou trois reprises. Il n'a, ma foi, pas paru surpris outre mesure. Faut croire qu'il commence à me connaître.

Toujours est-il qu'il n'était pas 8h30 ce matin que je téléphonais déjà à la boutique de la Marina pour commander la carte 1236 (couvrant la côte Gaspésienne), le livre des Feux et signaux de brume de même que le bouquin dévoilant les secrets météo du Saint-Laurent. En d'autres mots, c'est comme si c'était réglé dans ma tête. J'ai hâte de voir si le cœur suivra !

En fait, c'est surtout le temps qui ne suivra pas. Oka - Québec pendant la fin de semaine de la Saint-Jean, ça peut être assez serré à cause de la circulation de plaisanciers qui est à prévoir aux écluses. À moins qu'il ne fasse un temps de chien. C'est fou mais ça serait presque un avantage. Deuxième étape, Québec - ?, que

_____

[3] Le Phare du Haut-Fond Prince se fait communément appeler le « Pilier » et la « Toupie » par les navigateurs.

nous entreprendrons à la fin de semaine de la Fête du Canada. Et si on se rendait aussitôt à Tadoussac ? On serait là avant le pire des brouillards de juillet-août. En prime, avant la manne des touristes, qui est tout sauf reposante ou belle à voir sur l'eau. On pourrait y passer la fin de semaine du 9-10-11 (tiens, je viens de prendre mon vendredi de congé !), avec Simon peut-être, qui sait, et pourquoi pas même de traverser sur la Rive-Sud à ce moment. Comme ça, au début des vacances, on laisse l'auto dans le bas du fleuve et on se pousse à l'Est pour deux semaines...

Je n'ai pas encore parlé de Simon. Il est le fils de mon frère. Né en juillet 1985, comme un cadeau pour mon 20e anniversaire. Est-ce parce que je suis sa marraine ? Parce qu'il a depuis longtemps déclaré René comme parrain dans son cœur ? Parce qu'on se sent si simplement bien les trois ensemble ? Parce qu'il a été très malade l'hiver dernier ? Ou parce qu'on a eu peur de le perdre ? Non. C'est probablement juste parce qu'on l'aime beaucoup et qu'on sait qu'il apprécierait chacun de ces instants précieux qu'on a envie de l'embarquer avec nous pour quelques jours. Pour partager la magie.

Pour nous aider à négocier l'affaire avec ses parents, on a pensé commencer par lui fournir un bagage-bateau. Pour son anniversaire, on aimerait lui offrir un camp de voile de quatre jours. Apprentissage du dériveur. Pas un cours de navigation mais un cours "d'instinct". Pour lui donner le réflexe et le senti du mouvement, de la fragilité de l'équilibre... Mais il ne le sait pas encore. Ni ses parents non plus d'ailleurs. La stratégie d'attaque n'est pas encore déterminée là-dessus. Zut ! J'aurais dû suivre un cours de psychologie familiale à la place d'un cours de littérature !

* * *

Hier, j'avais une petite corvée de charriage de boîtes à faire pour le travail. Petit détour qui a eu le bonheur de me faire traverser le Fleuve (par le Pont Champlain, calmez-vous !) et le longer de Brossard à Boucherville. Le ciel pavanait du bleu mur à mur et la voie maritime s'offrait en miroir à l'étrave d'un cargo. Ça m'a fait saliver. Et avoir envie de partir dès tout de suite.

Tout en regardant la scène, et en m'imaginant dedans, je n'ai pu m'empêcher de penser aux sentiments qui risquent de nous submerger au moment du retour. Après ces journées de navigation qu'on se sera payées, parmi d'autres eaux, d'autres oiseaux et d'autres mammifères... comme les cours de débarquement de Montréal-Est seront grises et déprimantes ! Avec mon humeur d'aujourd'hui, avec mon écœurite-accent-aigu du travail qui déjà me donne envie de tout lâcher, je ne serais pas d'humeur à me sentir revenir à la grisaille de cette façon. Un plan pour que je donne un coup de barre de 180 degrés en demandant à mon Capitaine de me suivre sans dire un mot. Et demi-tour, on part avec les baleines dans l'Sud !

Tiens, j'ai peut-être trouvé mon ultime leitmotiv pour revenir : commencer à préparer le voyage de cet hiver aussitôt qu'on sera en amont de la Traverse de Saint-Roch ! On n'est jamais trop prudents, en retour !!!

* * *

Pas surprenant qu'on tienne tant à partir seuls. L'univers intime et restreint d'un voilier nous sied à merveille. Ça nous ressemble. Solitaires, heureux juste à deux (bon, notre toutou Rocky va sans doute nous manquer mais il est trop vieux pour une telle aventure : le simple roulis fatiguerait son vieux dos), fiers de se sentir libres de nos choix, de nos décisions, en toutes circonstances... Non pas que l'on soit totalement, systématiquement sauvages (bien que je me trouve de plus en plus misanthrope, en général, mais ça, c'est une autre histoire) mais on préfère de beaucoup savourer le silence, ensemble, que subir le bruit, en groupe.

Pour tout dire, dès qu'on est plus que trois, j'appelle ça un groupe. Déjà à quatre, il est facile de se perdre en deux conversations parallèles. Et ça m'enrage. J'ai l'impression de perdre la moitié de l'instant.

Alors à six autour d'une table pendant un souper, ou je crie ou je me tais. Ou bien je m'adresse à tout le monde ou bien j'essaie de tout écouter. Dans les deux cas, ça n'est pas reposant, je vous assure ! Aussi, à deux, ou trois, au plus, j'ai le sentiment d'être totalement là. Que ça fasse du sens ou pas.

Bon. Tout ça pour me justifier de préférer que l'on parte seuls. Je veux dire, que l'on ne par pas avec des amis sur un deuxième bateau (n'en déplaisent aux alarmistes). Il y a quelques années, un slogan de moto-marine tandem disait "double the fun, double the pleasure". Pour de la navigation à deux bateaux, moi je dirais "double the boat, double the trouble". Pas envie de gérer la dérive du voisin. De choisir mon mouillage en tenant compte de son tirant d'eau. De choisir ma marina à cause du dépanneur pas loin qui offre sa sorte de cigarette préférée. Non merci. Je suis heureuse en situation tête-à-tête que mon ange appelle notre cellule familiale autosuffisante !

Chapitre 5

Les choses avancent. On est déjà au 5 juin. La plupart des bateaux ont déjà été mis à l'eau mais avec le temps froid qu'il fait, même ceux-là ne font que très peu de sorties. On n'a donc pas encore manqué grand chose !

Quant à l'état de préparation du *Griserie*, il ne reste plus que quelques détails à fignoler. Après installation d'un projecteur de pont aux barres de flèches, d'un déflecteur radar, après vérification des points d'amures des drisses et du haubanage, on a enfin relevé le mât samedi. Du coup, le *Griserie* est redevenu un voilier ! Bonne affaire de faite. Tout voilier soit-il, il a cependant un moteur. C'est l'ultime étape. Le mécanicien doit passer demain faire une mise au point de l'engin et remplacer l'hélice. L'actuelle hélice en "bec de canard" (donc deux palles, pliantes) n'aurait probablement pas assez de vigueur dans les courants du Fleuve. On a donc décidé de rapatrier l'hélice originale de ce moteur diesel "in-bord", soit une hélice de trois palles, fixes. Puisque l'opération nécessite le soulèvement du moteur pour changer l'arbre... on a préféré confier l'affaire à un expert !

Dès que la nouvelle hélice aura intégré ses quartiers, ça y'est, on va mouiller. La fin de semaine prochaine sera donc le début du rodage des nouveaux jouets : compas, sonde de profondeur, les voiles (qui n'attendent déjà plus que nous pour venir rencontrer le bateau !). Restera aussi à s'adapter au GPS mais pour l'instant, le plus difficile est encore de prévoir quand l'acheter ! Ces magasins d'équipements électroniques spécialisés pour les bateaux de plaisance ont l'air d'être fermés les fins de semaine. Niet le vendredi soir. On est donc revenus bredouilles vendredi dernier. Bien malgré nous.

On a commencé à se faire la liste des choses à embarquer avant le départ. Comme le dust-buster et le gun à colle chaude. Et une liste d'achats à faire. Pour éviter de trimballer trop de quincaillerie à chaque fin de semaine, on doit s'équiper d'ustensiles pour cuisiner, de vaisselle de bateau, de plats, de plateaux pour le rangement, etc. Heureusement, grâce aux aménagements d'intérieur que nous avons complétés hier, le *Griserie* compte maintenant quelques tablettes de plus qu'avant. L'absence de ces quelques rangements auraient probablement été son plus gros handicap pour un voyage de la durée de celui que l'on prévoit.

Pour ce qui concerne la préparation des navigateurs, tout va bon train là aussi. Notre cours se termine demain soir. L'IMQ prétend que l'examen aura lieu la semaine prochaine. Moi je dis qu'il commencera le 24 juin et durera trois mois cette année... Le genre d'examen qu'on ne veut vraiment pas couler !

Sur le plan technique donc, tout sera là. Et je prends de l'avance sur le plan psychologique. J'irai demain à une séance d'hypnothérapie, en guise de prévention, pour éviter que ma grosse tête prenne plus de place que mon instinct pendant le voyage. Aussi, avec en poche un exercice de détente dirigée, spécifiquement conçu pour moi à cet effet, écoutable sur baladeur en cas d'urgence, je n'aurai aucune raison de céder à mes angoisses cartésiennes. Ce que ma tête tentera d'appeler le vertige, mon cœur et mon âme sauront qu'il s'agira d'extase, tout simplement. Si je prends la peine de me l'écrire quand-même (encore !), c'est juste au cas où les batteries du walkman lâcheraient au mauvais moment !

Ah oui. Pour l'instant, ce bout-là est un secret. Restera-t-il en ces pages jusqu'à une première version imprimée ou sombrera-t-il simplement dans l'oubli... c'est ce que je saurai sans doute demain !

* * *

Mes languettes de bois ont passé le test. On a une fichue de belle bibliothèque de bord. J'ai hâte de bourrer ça avec les tables de marées, l'atlas des courants, les instructions nautiques... Et avec ma dernière trouvaille de documentation : Les Secrets du Saint-Laurent. Un ouvrage sur les caprices météo du Fleuve, préparé par les pros d'environnement Canada et les trucs des pêcheurs locaux, port après port. Le livre vient avec une cassette vidéo illustrant les principes expliqués quant aux vents, aux vagues. On a donc eu droit à notre premier coup d'œil sur ce qui nous attend vraiment. Entre autres images de bonheur, on a vu quelques voiliers voguer autour du Pilier du Haut-Fond Prince (la Toupie). Ça donnait presque le frisson tant c'était beau... et accessible. Le compte à rebours est commencé !

En fait, il était bien amorcé le compte à rebours mais on a été obligés de l'arrêter vendredi dernier. Après le passage du mécanicien. Les nouvelles n'ont pas été bonnes. L'enlèvement de l'hélice a été plus périlleux que prévu. L'arbre a dû être scié pour être enlevé. En d'autres mots, celui là est maintenant irrécupérable. Ensuite, au moment de placer l'autre arbre avec son hélice, oh ! surprise ! pas moyen de l'ajuster. Manque un morceau. Qui ne s'achète pas. La commande a donc été donnée à l'Institut Maritime d'usiner la pièce manquante. On est rendus là. À attendre que la pièce soit prête. Pendant que la facture monte. Sans doute dangereusement mais le mécanicien n'a pas l'air d'avoir envie de nous en parler, et comme nous ne sommes pas en position de pogner les nerfs après lui, on aime mieux ne pas en parler non plus ! Alors demain soir, pendant notre examen à l'IMQ, nous saurons que quelque part, dans une pièce voisine, refroidira doucement un morceau de métal dont la valeur totale se chiffrera probablement aux alentours de 1 000 $. J'espère que ça ne nous rendra pas trop nerveux pendant l'examen !

Parlant dépenses, on a embauché un autre membre d'équipage la semaine dernière : *Garoù* (comme dans Gare où tu fais cap !). Entente forfaitaire à 400 $ (garantie de deux ans). C'est notre GPS ! Un Garmin 48, petit appareil coquet portatif, tout blanc. On a juste oublié de lui demander s'il savait nager...

Puisqu'en fin de semaine, mes neveux Simon et Benoit étaient à la maison, on s'est réservés très peu de temps pour jouer avec *Garoù*. Un petit dix minutes de pitonnage nous a tout de même permis d'inscrire la position de la maison dans l'univers de la mémoire de l'appareil. On ne sait pas encore jusqu'où on ira. Mais on sait au moins d'où on partira !

Pour l'instant, le pire est d'attendre, sans savoir si l'histoire de l'hélice va bien tourner. C'est long et c'est con.

* * *

La séance d'hypnothérapie a valu le coup. Je suis allée rencontrer le gaillard et j'ai joué le jeu. Ma tête jugeait déjà le ridicule de la scène mais j'ai choisi de rester tranquille et de faire comme si. De toutes façons, des propres mots de l'hypnothérapeute, "que tu m'écoutes ou non, que tes pensées soient ici ou ailleurs, ça n'a aucune importance...". Ça suffisait pour me rassurer.

Mais pendant les vingt minutes que dure la cassette (parce qu'en plus, la séance était enregistrée pour me permettre de l'écouter souvent, avant, pendant...), le gars m'a fait voyager. En répétant des bouts de ce que je lui avais raconté en arrivant, il m'a permis de voir très clairement l'image de moi sur le bateau, avec René, au beau milieu du Fleuve. Et pour être certaine que ça vaille la peine, je n'ai pas pris de chance : je me suis tout de suite imaginée en ciré, sous la pluie ! Pendant que ces images défilaient dans ma tête, je pouvais entendre "ta confiance", "tu as l'assurance", "tu es prête", "tu sais ce que tu as à faire", "tu sauras réagir", "une excitation positive", "savourer chaque instant pleinement", "tu en ressens l'instinct", "l'instinct du navigateur"... Bon, j'admets que pris en pièces détachées, ça peu sonner un peu rigolo. Et ça l'est sans doute aussi d'ailleurs. Mais je suis quand-même convaincue que ça valait le coup.

Dès l'instant où je sentirai que la peur voudra prendre la place de l'excitation (parce que dans le fond, j'ai peur de ne pas faire la différence entre être excitée et être angoissée), je pourrai prendre quelques bonnes inspirations en me disant que je n'ai rien à craindre, que je suis prête, que je sais quoi faire, que j'ai « l'instinct du navigateur »... (J'ai hâte de voir ça !)

Chapitre 6

Lundi 26 juin. Selon les plans, le *Griserie* devait être dans le bout de Québec depuis hier. On serait rentrés en co-voiturage avec l'oncle de René. Mais ce n'est pas le cas...

On s'est faits couper au départ. En fait, mon grand-père a décidé de faire son "Grand départ" avant nous.

Il est décédé lundi dernier. Le 19 juin. N'aura pas vu l'arrivée de son 93e été.

Je suis rentrée mardi de trois journées à l'extérieur pour le boulot. Je savais grand-père malade, je pourrais même dire mourant, depuis dimanche. Simon a été le premier à qui j'ai pu parler et c'est lui qui me l'a appris. Quand j'ai raccroché le téléphone, je suis sortie rejoindre René dehors, près du quai. Après lui avoir annoncé le décès de grand-père, j'ai levé les yeux vers le ciel, et j'ai souri. Au beau milieu du grand morceau bleu qu'on avait au-dessus de nous, deux traces blanches laissées par deux avions se croisaient à un angle parfait de 90 degrés : une immense croix de nuages tout blanc envahissait le ciel, traçant un passage vers là-haut pour celui qui venait de nous quitter. Le signe était si clair, si évident, pour moi, qu'il était content, qu'il nous saluait une dernière fois, avant de rejoindre son Dieu...

J'ai eu plus de peine que je croyais. Non pas que je sois insensible. Mais je ne le voyais que très rarement.

Puisqu'il vivait à côté de chez mes parents, j'avais toujours de ses nouvelles et lui des miennes, mais je ne le visitais à peu près jamais.

Mon grand-père tenait à demeurer autonome. Il l'a été jusqu'à la toute fin d'ailleurs, habitant seul dans sa maison depuis la mort de ma grand-mère en 1976. Mes parents veillaient discrètement sur lui dans la maison voisine. Sa mort soudaine et rapide a dû lui plaire. Ou, lui aurait plu mettons. En tous cas, il n'a pas eu à faire grands compromis pour maintenir et conserver sa dignité. Les tissus amincis de ses veines vieillies par le temps ont simplement cédés. Trois petites journées à l'hôpital, le temps de laisser à tout le monde le temps de comprendre que l'heure était venue et voilà. Comme c'est ce qu'il souhaitait, on aurait donc tous dû se contenter d'être contents. Erreur.

Quand un paquet de petites peines, parfois bien différentes les unes des autres, se rassemblent pour souligner la mort de quelqu'un, même de quelqu'un de 92 ans, ça devient immanquablement un gros tas de peine où tout s'emmêle. Et quand un paquet de petites manifestations d'amour et d'amitié se rassemblent tout à coup autour du gros tas de petites peines, ça fait un gros gros tas de sentiments mélangés et je suppose le feeling proche du frisson que fait la goutte d'eau froide au fond de la poêle bouillante. C'est intense et ça fait du bruit ! Alors, tout en remettant en question ce grand rituel "catholique et québécois" de rassemblage de sentiments gonflés exponentiellement autour de la mort, je me suis laissée prendre au jeu et j'ai sombré dans la tristesse, bien malgré moi.

Un jour peut-être, dans 2 pages ou dans 200, je raconterai le miracle de l'Adagio d'Albinoni en ce soir de pleine lune à Gosier, en janvier dernier. Ces coups de violons magiques et magnifiques, captés pour l'éternité sur notre vidéo... Vendredi dernier, après les funérailles, je me suis souvenue de cette soirée mémorable en Guadeloupe. Après l'Adagio, et après un repas tout aussi fabuleux (je me souviendrai toujours du regard de ces gigantesques crevettes en paella), nous nous étions allongés, Anthony, Catou, René et moi, sur le nez du bateau, totalement subjugués par la perfection du lieu, du moment. Et de la lune. Et tout en la contemplant, j'ai chanté, haut et fort, a capella, la chanson de mon grand-père, celle que je l'entendais chanter quand j'étais toute petite. Et je l'ai chanté, là, sous la lune et les étoiles. Je savais que le moment resterait à jamais précieux, unique. Je ne le savais pas prémonitoire cependant...

Si les étoiles étaient des femmes
Et si j'étais homme dans la lune
Je passerais mes nuits
À courtiser sans bruit
Tantôt la blonde
Tantôt la brune

Et j'aurais le choix de tous ces beaux minois
Sans craindre que l'on m'en prenne une
Si les étoiles étaient des femmes
Et si j'étais homme dans la lune.

J'ai trouvé l'adresse d'un luthier. Je vais faire réparer son vieux et tout premier violon, celui qu'il m'avait offert il y a peut-être vingt ans. J'essaierai d'apprendre "si les étoiles étaient des femmes". Ça et l'Adagio d'Albinoni. Qui jouait pendant sa dernière sortie de l'église...

* * *

Un départ à la fois c'est suffisant. C'est pourquoi on a retardé le nôtre à vendredi prochain. Et finalement, c'était peut-être une bénédiction.

Samedi devenait donc jour de rodage. Ma foi, il a été trop court pour tout ce qu'on avait à roder ! Silencieux bloqué (parce que trop bien installé !), bruit d'arbre d'hélice qui veut tout arracher, *Bidoune* qui ne voulait pas dire la vitesse parce que son fil était un peu coincé, la batterie des accessoires qui lâche en milieu de parcours, grand voile trop longue, mouillage trop court... ça n'arrêtait pas les bonnes nouvelles !

Aussi, on sait qu'on va probablement passer la semaine sur les derniers réglages. Et sur l'embarquement de l'approvisionnement et des vêtements. Et de toute la paperasse. Je n'ai même pas encore fini d'apporter toutes les corrections des avis aux navigateurs à nos cartes et à nos instructions nautiques. Et je veux un imperméable flottant Mustang. À trouver en... plus que trois jours. Et des souliers de bateau... et du savon bio... et commencer à programmer *Garoù*... et démêler les amarres supplémentaires... et sortir la deuxième ancre... Bon sens, mais qu'est-ce que j'fais devant mon écran !

Légère brise

devant le miroir du Fleuve tranquille
pourquoi chercher ailleurs

sereine plénitude
instant de plaisir

ne plus chercher
parce que
avoir trouvé

Deuxième partie

Un départ en étapes

Chapitre 7

Ça y'est. Jour du départ. Enfin.

Vendredi le 30 juin 2000. Jour de congé "because Canada". On part à l'aventure d'un coin de notre pays à l'occasion de son anniversaire. Il ne pourra pas dire qu'on ne lui a jamais rien donné !

Pour sa part, le temps, lui, n'est pas un cadeau. Il fait gris. Partis du quai de la Marina d'Oka à 8 heures du matin, on passe devant la maison 10 minutes plus tard. Je sais que nos gentils voisins sont sans doute à leur fenêtre pour nous regarder partir. J'ai le goût de leur envoyer un coup de corne de brume aux oreilles. Notre projet les impressionne. Ils nous envient, ou nous plaignent. J'suis pas sûre. Je crois que notre petit parcours terrorise pas mal de monde.

En fait, ça se divise en deux clans. Il y a ceux qui sont un peu surpris, qui nous trouvent un peu fous, mais qui nous écoutent cinq minutes et qui se rendent compte qu'on ne se lance pas là-dedans en écervelés, qu'on est vraiment préparés. Ceux-là nous souhaitent bon voyage avec un soupçon de peur et d'envie dans les yeux.

Et il y a les autres. Perfides "faux-pros" jaloux, qui tentent de nous dissuader de réaliser notre rêve. "Ah ! Tadoussac. Seuls ? Sur votre petit bateau ? Y'aura d'autres bateaux avec vous autres ? Non ??? Hé hé ! Le courant est fort autour de l'Isle-aux-Coudres vous savez.

Pis y'a les marées. Pis le Saguenay. C'est quelque chose le Saguenay vous savez..."

Ceux-là m'enragent. Au cube. Ils entretiennent le mythe, alimentent la mauvaise réputation du Fleuve. Tout comme le gars qui nous a vendu le GPS. Qui nous disait qu'on allait être "super bien équipés avec ça pour se rendre jusqu'à Québec". Que ceux qui souhaitent aller plus loin que Québec ont besoin d'avoir "un très gros bateau parce que les vagues sont épouvantables et les courants effrayants", et "un radar parce que passé l'île d'Orléans y'a toujours plein de brume sur le Fleuve". Bon. Ça fera les scénarios de fin du monde. Le pire, c'est qu'il a presque failli m'avoir celui-là dans son récit d'épouvantes. Il a quasiment réussi à me faire peur. Jusqu'à ce qu'on le fasse parler et qu'on apprenne qu'au plus, il avait déjà été sur des lacs dans le Nord, en chaloupe... Espèce de bachi-bouzouk à la mords-moi-l'nœud[4].

Et l'autre, pas plus fin. Qui me regarde le nez dans les airs, pour me réciter la liste des passages difficiles du Fleuve, qu'il n'a peut-être jamais visité autrement qu'en classe. Et toujours le classique : "y'a d'autres bateaux qui vont partir avec vous ?". Oui, c'est ça le clown. Trois chums en pédalos. Est-ce que t'es rassuré maintenant ?

M'emmerdent. Entreteneurs de mythe à la gomme.

Donc, en ce jour 1 de notre voyage, après avoir salué les voisins sympathiques, on a finalement décollé d'Oka.

---

[4] Source : un mélange du Capitaine Haddock et de Serge Gainsbourg. J'hésite.

Destination : Longueuil. Méchant périple. Une journée de bateau, euh, de moteur, pour à peu près 50 minutes de route.

On a lu sur une affichette, à l'atelier de Voiles Sud, à qui l'on a confié la confection de nos voiles : "La voile, c'est le moyen le plus lent et le plus coûteux que l'homme a trouvé pour se déplacer". Ben c'est en plein ça. 5 000 $ plus tard... on est à Longueuil !

Malgré tout, je dois avouer que le plaisir est déjà de la partie. Écoute : de ce côté-là des choses, notre *Griserie* n'a jamais dépassé le Pont de l'Île-aux-Tourtes. (C'est peut-être pour ça que j'ai cru qu'il ne passerait pas ?)

Première anecdote au journal de bord : l'approche du Pont. J'ai la carte. On y parle de 42 pieds de dégagement. Mais c'est une vieille carte non corrigée par les avis aux navigateurs. Et on ne se souvient plus de notre tirant d'air. (Amateurs !). Après un calcul sommaire, on suppose que le *Griserie* a sans doute besoin d'environ 33 pieds pour ne pas démolir son mât. Théoriquement, ça va largement. Mais en ce 30 juin d'un été pourri, froid et pluvieux, on est combien au-dessus du zéro des cartes ? Si on se fie à notre quai devant la maison, on a sûrement au moins 5 pieds d'eau de plus qu'habituellement à pareille date. Peut-être 8 de plus qu'en août. Et le zéro des cartes, il est combien en dessous de notre mois d'août habituel ?

Évidemment, je me suis dépêchée de partager mon doute à René. Qui m'a trouvée ridicule. Mais à l'instant crucial ou la pointe de l'antenne allait gagner l'ombre de la structure du pont, René nous a fait viré ça en catastrophe ! Le *Griserie* a "spinné" comme sur un dix sous. Le temps d'une poussée d'adrénaline, mon skipper a douté aussi, une fraction de seconde, le temps du réflexe. Pour ensuite se trouvé complètement ridicule à son tour et ré-engager le bateau sous le pont, qui laissait toute la place voulu en haut de l'antenne, bien entendu. Mais on l'a vraiment beaucoup ri. Fallait sûrement voir la scène : deux capitaines Hi-liner en cirés jaunes, morts de rire sous la pluie...

Qui a dit qu'il fallait du beau temps pour être heureux !

On finit donc par arriver sur le Lac Saint-Louis, en route vers la voie maritime et le Pont Mercier. Déjà, le plan d'eau nous nargue. Quand il fait froid et qu'il pleut, bonheur ou pas, l'instinct de l'homme tend à lui faire chercher la route la plus courte. Aussi, sur le Lac Saint-Louis, l'homme et son instinct sont vite frustrés. Trois fois trop de milles nautiques en zigzag sur une route qui n'en ferait peut-être pas plus de 3 ou 4 en ligne droite. Quel emmerd... Surtout quand c'est ce même instinct qui doit convaincre l'homme de ne pas tenter sa chance en choisissant le raccourci en ligne droite puisqu'il risque fort de se péter la gueule dans les nombreux hauts-fonds de ce grand lac pas creux... Enfin. Dans les circonstances, il s'agit tout simplement de ne pas être pressés, et surtout, d'apprécier déjà chaque instant comme faisant partie intégrante du grand voyage. Pour notre part, puisque dès le passage du Pont de l'Île-aux-Tourtes nous étions déjà en de nouveaux lieux, l'exercice était facile. Chaque nouvelle bouée délimitant les zigzags du chenal devenait une occasion d'une nouvelle découverte... Bon bon, j'en mets, je le sais. Mais à peine.

En attendant, je m'amuse en commençant à tracer la courbe de déviation de notre compas. Pour faire court, disons simplement, au bénéfice de ceux qui ne savent pas de quoi je parle, que ça veut dire que le meilleur compas du monde ne dira pas la vérité si une source magnétique indésirable l'importune. Et sur un bateau, ces sources peuvent être nombreuses : chaîne du moteur en acier, la montre du capitaine, *Garoù*, les jumelles, une simple vis d'un mauvais alliage, etc. Finalement, il faut réussir à identifier cette erreur à tous les caps du bateau si on ne veut pas être à sa merci quand on en aura vraiment besoin. Je joue donc les circumnavigateurs à grands coups de compas de relèvement... presque au coin de chez nous. On dirait vraiment que je me prends au sérieux !

À la bouée de bifurcation, marquant l'endroit où l'on quitte le chenal des plaisanciers pour entrer à l'intérieur du chenal de la voie maritime, on remarque un petit îlot rocheux tout près. Il est couvert de cormorans ! Je n'en reviens pas. Je croyais pourtant que les cormorans ne pataugeaient qu'en eau salée. Ils sont postés là, à se faire sécher les ailes tout en nous regardant. Une sorte de clin d'œil à ce qui nous attend j'imagine.

En attendant, le prochain repère se dessine avec le profil du Pont- Mercier. Encore une fois, on a bien rigolé. Nous savons (maintenant que le calcul a été officiellement effectué et vérifié au Pont de l'Île-aux-Tourtes) que notre tirant d'air nous permet de passer aisément sous le pont ferroviaire. Nul besoin d'alerter le pontier du pont mobile par radio. Sauf que... lui, il n'en sait rien de notre tirant d'air ! Alors pendant qu'on approche avec notre petit bateau, on voit le Pont se lever devant nous.

- René, regarde ! Ils lèvent le Pont pour nous !
- Ben non... c'est pas pour nous. Il doit y avoir un cargo pas loin.

Mais on a beau chercher partout, on est la seule embarcation en vue. Notre tout petit bateau qui fait se tasser un grand de grand.

- Et bien mon beau *Griserie*, souris : le Pont-Mercier te salue !

Hé, que je me sens "big" !

Le passage à l'écluse de Sainte-Catherine s'est fait sans trop d'attente et surtout sans heurt. Pour nous du moins. Le capitaine du bateau qui arrivait derrière nous n'a pas eu autant de chance. Un beau vieux capitaine aux cheveux blancs et à la barbe toute blanche aussi, à l'allure encore plus beau-vieux-capitaine à cause de son ciré et chapeau de pêcheur assorti puisqu'il pleut toujours. Il arrivait de Toronto et se dirigeait vers Halifax, pour l'arrivée des Grands-Voiliers. Et malgré nos efforts, il s'est pris une éraflure importante en son flan tribord. Pas un trou, mais une promesse certaine de travaux à venir. Sans quoi les mauvaises nouvelles sauraient vite se frayer un chemin à travers sa coque ! À Sainte-Catherine, les quais d'attente pour les plaisanciers sont enfoncés dans un racoin peu commode, dangereusement agité par un courant de fond que provoque le système d'entrée d'eau de l'écluse. Ce qui fait que, même sans vent, les bateaux sont attirés dans le fond de ce cul-de-sac malfamé où le dernier quai, dans un état de délabrement passablement avancé, finit par faire office de pare-chocs de fortune à tous les bateaux qui ne connaissent pas l'endroit. En ce qui nous concerne, nous avions eu la chance d'y faire un arrêt avec le yacht de beau-papa l'an dernier. Et la carène du bateau y avait goûté, malgré le saut de l'ange que René avait fait pour tenter de freiner le bateau. En atterrissant sur le quai, son pied avait traversé une planche à moitié pourrie... un an plus tard, la planche défoncée est toujours là !

Après l'écluse de Sainte-Catherine, le chenal demeure étroit jusqu'à l'arrivée devant le Port de Montréal. Née à Verdun et y ayant habité jusqu'à l'âge de 25 ans, j'ai traversé le Pont Champlain (par le dessus !) sans doute des milliers de fois. En regardant en bas aussi souvent que possible. Le coup d'œil sur la voie maritime, vers LaPrairie ou vers Brossard, est impressionnant. L'eau paraît si bleue. La verdeur des îlots boisés crée un espèce d'écrin pour les cargos qui progressent en face de Montréal. Et quand, par bonheur, je pouvais percevoir d'en haut une toute petite embarcation de plaisance, j'étais toujours fascinée par l'immensité du décor qui enveloppait le capitaine et son bateau, minuscule point blanc traversant discrètement le sillage des cargos, comme pour ne pas les déranger.

J'avais très hâte de passer sous le Pont Champlain pour la première fois. Une sorte de passage mythique ou romantique que j'anticipais depuis longtemps. Comme ça allait être beau...

Il y a toujours un risque à maintenir un trop haut niveau d'attentes. Je le savais pourtant. Mais ça m'a tout de même surprise.

Gardez donc vos illusions. La vue qu'on a, du Pont vers en bas, est pas mal plus poétique que celle qu'on a d'en bas vers en haut. C'est que c'est pas beau du tout la structure d'un pont, vu d'en-dessous ! Quant au super coup d'œil sur le Fleuve et sur Montréal ? Oubliez ça les amis : les arbres (oui oui, ceux-là même des jolis îlots de verdure de tantôt) nous coupent toute vision sur quoi que ce soit. Pendant 17 milles (nautiques, toujours), tout ce qu'on voit à gauche, et tout ce qu'on voit à droite, c'est un terre-plein artificiel coiffé d'une rangée d'arbres feuillus. Un long corridor. À notre vitesse, environ trois heures de corridor. Ponctué des écluses de Sainte-Catherine et de Saint-Lambert pour seuls divertissements. Ok, la vue sur le Pont Champlain est agréable au premier coup d'œil. Mais dès qu'on s'en rapproche, d'en bas, tout ce qu'on devine du Pont, c'est qu'il est rempli d'autos ! Et qu'il est rouillé en son dessous. Et que ça fait du bruit. Et la poésie en mange un coup ! Alors vivement Longueuil !

René et moi ne raffolons pas des écluses. Passent encore les écluses de Parc Canada, mais les écluses commerciales sont certainement moins agréables. La voie maritime du Saint-Laurent accorde une faveur aux plaisanciers en les laissant transiter par leurs écluses. Les navires commerciaux ont évidemment la priorité. Quant au moment de passage, d'une part, mais aussi quant aux installations. Aussi, quand les taquets d'un tout petit voilier comme le nôtre doivent laisser filer efficacement quelques mètres de cordage tout en tentant de rester aussi accoté que possible à ce grand mur noirci de graisse et d'huile des gros cargos... veux, veux pas, ça rend un tantinet nerveux. Mais on a été chanceux ce jour là puisqu'un méga-ponton-de-course nous suivait dans la voie maritime et que l'éclusier nous a proposé de nous amarrer à son épaule. Par ponton-de-course, j'entends ce bateau plate-forme habitable, construit par ses propriétaires, des gens d'environ 60 ans, mais qui était équipé de deux affaires de moteurs à faire décoller un avion ! S'il avait voulu, je pense que le capitaine de ce ponton aurait pu inscrire son bateau aux régates de Valleyfield ! Le plus drôle, c'est que ces gens empruntaient la voie maritime pour la toute première fois, avec l'intention de vérifier si la puissance de leurs engins allait être à la hauteur pour remonter le courant du Fleuve. Non, mais, est-ce qu'il voulait rire de nous à votre avis ? Avec notre super moteur diesel à un piston - prout prout prout prout - 8 chevaux et une vitesse de coque plafonnant à 6 nœuds... si je passe, tu passes, tonton ponton, ok ?

N'empêche qu'ils ont quand-même déjà pas mal voyagé avec leur ponton. Rivière des Milles-Îles, Canal Rideau, etc. Pas mal plus loin que nous finalement. Mais qu'à cela ne tienne, on est en train de faire ce qu'il faut pour les déclasser...

Escale du Jour un : Longueuil. Arrivés à 17h15 après avoir parcouru 43 milles nautiques. Et trois écluses. Ce qui rend totalement incohérent la recherche de notre vitesse moyenne puisqu'on en a passé à peu près la moitié arrêtés.

Longueuil. On a l'air d'une pinotte dans cette marina. Pourtant, on fait probablement partie de ceux qui iront le plus loin cet été. C'est ben pour dire !

Collée presque en-dessous de la route 132 tant elle en est proche, la marina de Longueuil accueille un nombre impressionnant de bateaux... non moins impressionnants d'ailleurs ! Les assureurs doivent baver quand ils débarquent ici. Des yachts de 40 ou 45 pieds, des bijoux de bateaux, immenses, rutilants, des voiliers de bois, des cotres, des ketchs... ouf ! Et dans la cour, se reposant sur son ber, La V'limeuse, cette grande voyageuse. Face à nous, à travers les arbres, elle semble presque nous observer, du coin de l'œil. Pendant que notre *Griserie* se pavane fièrement. Lui qui n'est jamais allé plus loin que Montebello, il doit bien commencer à se douter qu'on lui réserve quelques surprises.

On savoure notre premier repas à bord en écoutant Moustaki nous chanter, de *Balade en ballades*, la mer et le soleil. On est à Longueuil et en Méditerranée en même temps...

Après cette première nuit dans le grand monde, on largue les amarres à 8 heures le lendemain matin.

* * *

Jour 2 de l'étape 1. Direction... par-là. On verra bien où on amarrira[5].

Après Longueuil, c'est-à-dire en aval[6] de Longueuil, on passe devant l'Île aux Bœufs, l'Île aux Foins, l'Île des Barques. On voit défiler Varennes, Verchères et sa Madeleine. Depuis le départ, et jusqu'à Donnacona, on

---

[5] Je viens de l'inventer. Mot créé en mélangeant « atterrira », « amerrira » et « amarre ». Vous me suivez ?

[6] « En aval » veut dire quelque chose comme « par là où le courant descend » ou « en bas », toujours par rapport au sens du courant. D'où (enfin on le comprend !) : les gens de Montréal descendent à Québec et les gens de Québec montent à Montréal. Le contraire de « aval » se dit « amont ».

doit vivre avec l'atlas des cartes plastifiées de beau-papa. Format pratique, résistant à la pluie et à la crème solaire, mais absolument pourri pour la navigation. D'une carte à l'autre, le Nord change de place. L'échelle aussi parfois. Certaines profondeurs sont annoncées en mètres, d'autres en pieds. Entre deux cartes, on remarque parfois une "absence" de près d'un mille. Pas sécuritaire pour deux sous mais comme il ne nous en coûte pas un seul... C'est un compromis drôlement économique, puisque prêté. Et c'est fou ce que les choses gratuites prennent de la valeur... surtout au bout de 5 000 $!!!

Pour notre prochaine escale, on envisage Sorel, située aussi sur la rive Sud du Fleuve. On estime faire à peu près 6 nœuds[7] au moteur, et on devrait être poussés par quelque 2 nœuds de courant. Une petite journée.

Sauf qu'à l'approche de Sorel, dans le grand coude à près de 90 degrés que fait le Fleuve vers l'Est en cet endroit, le vent s'est mis à nous souffler doucement dans le dos. Plein soleil, ciel bleu, des plaisanciers partout à travers les cargos dans le port de Sorel, des petits papillons tout autour (un voilier qui reçoit le vent de l'arrière place ses voiles en ciseaux - une à gauche et une à droite - ce qui lui donne un peu l'allure d'un papillon les ailes ouvertes ; papillon qui essaierait de s'envoler à la verticale mais papillon quand-même)... C'est l'heure pour *Griserie* de montrer son nouveau génois à tout le monde ! Wow. Mon Capitaine et moi on a les yeux tout ronds. La voile a l'air encore plus blanche et le Fleuve encore plus bleu.

---

[7] 6 nœuds représentent tout simplement 6 milles à l'heure. En milles nautiques toujours, évidemment.

Avec cette allure, "au portant" dans le jargon de la voile, le bateau est vraiment porté par en avant. Avec les deux nœuds de courant (parfois plus selon l'endroit) qui s'ajoutent à notre vitesse, on se sent vraiment propulsés. On gagne même un nœud de plus, grâce à la voile. Il ne nous en faut pas plus pour décider de saluer Sorel et passer tout droit pour amorcer la traversée du Lac Saint-Pierre.

Bouée S-120, au sortir de la Course de Saint-Anne-de-Sorel : ici, les petites sternes commencent à nous accompagner. C'est grandiose devant. Ne pas voir la terre en face me donne un frisson extrêmement bizarre. J'y trouve quelque chose de rassurant. Et surtout, très émouvant.

Dès l'entrée du Lac, on a un sourire gaga étampé au visage : non seulement la plan d'eau s'élargit, mais on ne voit vraiment pas la terre devant nous, quelque 15 milles plus loin, au bout du Lac Saint-Pierre. Sauf que sur cet impressionnant plan d'eau, il n'y a que la profondeur du champ visuel qui puisse donner l'illusion qu'on est loin. Autrement, dans le sens de la vraie profondeur (celle de l'eau), y'a pas de quoi faire de grands plongeons ! Dans le chenal principal de la voie maritime, on arrive à lire 34, parfois 37 pieds à l'écran de *Bidoune*. Mais gare à celui qui voudra faire le fin-finaud et couper en ligne droite à l'extérieur du chenal pour s'épargner deux ou trois bouées : à quelques encablures du chenal, le Lac Saint-Pierre n'a souvent pas plus de 4 ou 5 pieds, souvent moins, à offrir à votre fine quille ! Qui s'y frotte, s'y plante !!!

On croise nos premiers cargos aujourd'hui. Les *Cécilia Desgagnés, Mélissa Desgagnés* et quelques autres de la même flotte. Ces bateaux impeccables se reconnaissent de loin. Une bande verticale jaune marque la coque noire tout près de la proue du bateau. À quelques milles, on dirait qu'une immense défense pend au franc-bord. La famille Desgagnés possède plusieurs cargos destinés au transport de marchandises sur le Fleuve Saint-Laurent. Les capitaines de ces navires doivent connaître par cœur les travers du Fleuve.

Quant à nous, les quelques nœuds de courant, encouragés par quelques nœuds de vent, nous permettent de profiter d'un après-midi savoureux, que l'on passe à rêver à la suite. On ne voit pas devant, et tout va bien. Une balade de bonne augure !

Ce soir là, on choisit de s'arrêter à Trois-Rivières. Tout de même ! Selon *Bidoune* (que nous n'avons pas pris soin de calibrer avant le départ, faut bien se garder de l'ouvrage pour les vacances !), nous avons franchi quelque 60 milles depuis le matin, plus que le double de ce qu'on avait prévu. Une sacrée belle journée !

On a beau vouloir la célébrer dignement mais nous n'avons plus une goutte de "nectar aux raisins fermentés" à bord. Et pas de dépanneur sur le site de la Marina. Pendant qu'on s'informe, le proprio de la Marina nous entend (et il doit lire notre détresse sur notre visage !). Aussi, il ne fait ni une ni deux et offre les clefs de son véhicule aux deux pirates d'eau douce que nous sommes ! Nous voilà donc partis à l'aventure, nous imaginant presque à l'autre bout du monde... et nous ne sommes toujours qu'à Trois-Rivières. La générosité du propriétaire de la marina nous étonne. On se rendra vite compte cependant de la chaleur de l'accueil des gens de bateaux, partout sur notre route.

* * *

Jour 3. Dimanche 2 juillet. Marina de Trois-Rivières. D'ici, on peut commencer à regarder l'heure du départ par rapport aux heures de marée. Non pas que les courants de marée aient là un quelconque impact sur la navigation, mais puisque c'est la dernière étape avant que ça compte, autant commencé à se pratiquer tout de suite. Et je fais bien ! Après quelques brillants calculs, que j'effectue avec toute la concentration (et l'excitation il faut le dire) du monde, j'annonce fièrement à mon Capitaine que la marée sera basse à... ben voyons, ça marche pas ! J'ai dû faire une erreur. Je fouille, je fafouine et cherche encore, pour finalement me rendre compte que j'ai la table des marées ouverte au mois de janvier ! On a beau tout prévoir, on n'arrive tout de même pas à tout imaginer. De nous surtout !

À 8 heures, nous voilà donc à la sortie de la Marina de Trois-Rivières, par un petit matin de jolie brise[8] du Sud-Ouest, force 4 à l'échelle Beaufort. Depuis le départ de Longueuil hier, on sait que le courant du Fleuve influence notre course, mais tant qu'on va dans la même direction, il n'est pas très impressionnant. C'est à la sortie du petit chenal d'accès à la Marina, en voyant le

---

8 La « jolie brise » correspond à un vent de force 4 à l'échelle de Beaufort, soit un souffle d'environ 11 à 18 nœuds, donc à peu près 20 à 28 km à l'heure. J'ai mis en annexe un tableau complet de l'échelle de Beaufort, bonifié de mes commentaires, en italique, pour ne plus m'enfarger là-dedans trop souvent.

mur de ciment du grand quai se rapprocher de notre travers bâbord assez vite merci, que l'on sent vraiment la puissance conjuguée du vent et du courant. Même si le courant fait tout juste 2 nœuds en cet endroit. Encore un nouvel apprentissage qui s'ajoute à notre bagage. Lentement mais sûrement.

Dès l'arrivée dans le chenal, on se fait le cadeau des cadeaux : on envoie le génois et on coupe le moteur... Instant parfait. Souffle coupé. Le délice.

Juste le vent et l'eau qui jouent leur musique sur la voile et la coque. Le bonheur. Ça sonne l'air. Ou ça respire le silence. Quelque chose du genre. Particulièrement savoureux après tant de milles au moteur.

Cap sur la bouée chaloupe[9] de la Petite Rivière Batiscan. 20 milles en 3 heures 30 minutes, soit environ 5,7 nœuds sur le fond, atteints avec le génois seulement. Le vent souffle toujours à 10 - 15 nœuds mais nous offre aussi parfois des pointes plus importantes. Bon sens qu'on est fiers ! On jurerait qu'on pense qu'on est les premiers à avoir fait ça... Il faut dire qu'à la lecture de *Bidoune*, ce fou là nous racontait qu'on avait tapé des pointes à 7,5 nœuds, vitesse de surface donc, alors que la vitesse de coque de notre 23 pieds oscille aux environs de six petits nœuds. Théoriquement, *Bidoune* se trompait. Mais moralement, le compte était bon !

---

[9] Une « bouée-chaloupe » est le nom le plus comique qu'un drôle de zigoto a pu trouvé pour nommer la « bouée-pancarte-routière-flottante-qui-indique-l'entrée-du-chenal-d'une-marina ». Bon. J'admets que ma version n'est guère mieux… mais au moins, ça dit ce que ça a à dire.

Au départ de Trois-Rivières ce matin, le tableau météo de la Marina diffusait un *Avertissement aux petites embarcations* pour les environs de midi. On fait donc le choix d'éviter les embêtements et de terminer notre parcours du jour avant 12h00. D'où l'arrêt à Batiscan.

Les propriétaires de la marina nous accueillent au quai. Avec un sourire du cœur qui leur sort par les yeux. Le *Griserie* sera tranquille ici. La marina est minuscule. 20 bateaux, tout au plus. Deux pontons seulement, tout en longueur dans le sens de la rivière qui s'allonge vers le Fleuve un demi-mille plus bas. Et en amont de l'étroite rivière, le vieux Pont de la Batiscan, dont le plancher en lattes de métal gaufrées résonne mystérieusement au passage des rares véhicules qui le traversent. Tel que le promettait le bulletin météo, le temps s'assombrit doucement après notre arrivée. Nous avons fait le bon choix en nous arrêtant ici.

Puisque nous avons l'après-midi devant nous avant l'arrivée de "mon'oncle", nous en profitons pour faire le ménage du bateau et rapailler nos affaires pour le retour. Je n'aurais jamais cru que l'on pourrait créer un tel bordel dans un si petit habitacle ! Dès la première journée, j'ai compris qu'un des gros défis que nous aurions à relever allait être l'organisation à bord. Oui, oui, nous avons prévu les rangements qu'il fallait... en théorie.

En théorie, le lit est monté en permanence dans le nez du bateau. Pendant la journée, on espère laisser les poches de vêtements à porter de mains, sous la table. Les cartes et instruments de navigation sur la table. La boustifaille est rassemblée dans l'ancien frigo recyclé en garde-manger et sous l'un des bancs de la table. L'autre banc ramasse les chaudrons. La glacière en planquée au bord du lit tombeau[10] et les gilets de sauvetage restent derrière la glacière...

Voilà donc le scénario théorique imaginé. Maintenant, pour ce qui est de la vraie vie...

Dès les premières manœuvres pour quitter un quai, je prépare toujours les vestes de sauvetage à porter de mains, c'est-à-dire directement sur le banc à l'entrée du carré. Comme on n'est jamais trop prudents, en général, ils y restent pour la journée, à moins qu'on les enfile en cours de route. La glacière coincée dans le tombeau ne s'ouvre que très difficilement. Elle se ramasse donc souvent carrément sur le banc. La température changeant selon l'heure du jour ou le temps, on ajoute ou enlève souvent des vêtements. Les poches de linge finissent leur journée ouvertes, parfois à moitié vide, leur contenu s'étant plus souvent qu'autrement éparpillé sur chaque pouce carré de surface plane disponible. Et quand vient le temps de manger, l'ouverture des garde-manger demandent parfois de bouger quelques trucs, qui de toutes évidences ne regagnent pas leur place tout seul. Finalement, parce qu'on n'aime pas faire de feu inutilement pendant qu'on navigue, on ne chauffe pas l'eau qui nous permettrait de laver la vaisselle donc, elle traîne dans l'évier, ou ailleurs, jusqu'à l'arrivée au prochain quai. Si on ajoute à cela un imperméable mouillé, une serviette de plage, des chaussures lancées à la volée dans le fond de la cabine, les coussins de cockpit

---

[10]   Pas la peine d'en faire une maladie : ça s'appelle comme ça, c'est tout ! Cette couchette simple s'allonge de l'intérieur sous le banc bâbord du cockpit. Vu avec des yeux pas superstitieux, ça ressemble vraiment à un tombeau.

si la gîte ou les vagues menacent de les envoyer par-dessus bord, et *Garoù*, et les jumelles, et les instructions nautiques... je pense que vous commencez à voir le bardas, vous aussi ! Et à comprendre qu'il reste à peine de quoi se frayer un chemin jusqu'au lit à la fin de la journée !

Il ne nous aura donc fallu que trois jours pour être tout près de s'arracher les cheveux, chacun pour soi d'abord, mais aussi parfois mutuellement. La cabine d'un 23 pieds demande rigueur et discipline pour chacun des gestes à poser. Nous l'aurons appris à nos dépends, mais heureusement, assez vite pour corriger tout de suite les mauvaises habitudes naissantes.

Dire qu'on pensait inviter Simon à venir nous rejoindre pour un week-end... il lui aurait sans doute fallu dormir sur le pont et trimballer son baluchon de vêtements sur son dos à temps plein ! Je pense qu'il ne nous aurait pas trouvé drôles !

Tout ça pour dire que l'après-midi de ménage à Batiscan arrivait juste à point.

Pendant une pause, alors qu'on se balade sur le ponton, on passe saluer nos voisins de quai. Leur bateau, un bien joli C&C Landfawl de 35 pieds, attire notre attention et nous donne envie d'être leurs amis !

Ils achèvent leur première semaine de rodage avec ce bateau qu'ils viennent tout juste d'acquérir. Jusqu'au mois dernier, ils naviguaient sur le Fleuve avec un bateau de 25 pieds, et ce, depuis une quinzaine d'années. Ils connaissent bien le secteur que nous comptons traverser et nous partagent déjà quelques bons filons, des trucs du métier, les lieux dont il faut se méfier, les endroits à ne pas manquer, etc. Ayant remarqué le radar fixé au mât de leur bateau, je leur demande s'ils jugent la chose indispensable. Je suis ravie d'apprendre que jusqu'à l'achat de ce nouveau bateau, ils n'ont jamais eu de radar et n'en n'ont jamais ressenti le besoin. Le secret étant évidemment d'être très attentifs aux avis météo et surtout, de ne pas se lancer dans des conditions incertaines ou propices à la création de brouillard, dangereusement célèbres dans les parages où nous naviguerons. Cependant, je crois bien que si nous n'avions pas eu de GPS, nos nouveaux amis nous auraient attachés aux planches du quai et nous auraient empêchés de prendre le large sans cet outil maintenant jugé essentiel à la navigation. Il faut bien vivre avec son temps. Puisque cette technologie existe, bien fou serait celui qui s'aventurerait sur le Fleuve sans en être équipé. Un vrai péché. Presque aussi imprudent que se faire bronzer sans crème solaire dans les années 2000. Pourquoi pas prévenir ?

Nos nouveaux amis sont donc en rodage avec leur bateau et aussi avec leur nouveau toutou, Chanel, une femelle Bichon d'environ deux mois (et entraînée pour tout régler dans la litière : le vrai bonheur). Elle est si petite la Chanel qu'il ne faudrait pas la laisser sur le quai sans la tenir. Avec ce vent qui se lève, elle ne ferait pas le poids. Pire, elle est si petite qu'on n'entendrait même pas le "plouc" qu'elle ferait en tombant à l'eau. Et avec le courant de la rivière, ça serait "merci, bonjour, elle est partie !"

Le capitaine du C&C nous dit cependant quelque chose qui va me troubler jusqu'à la fin des vacances. Un petit mot échappé, que je conserverai en tête comme un vrai défi à relever. Sans pourtant me souvenir précisément à l'occasion de quelle rencontre cet avertissement nous a été servi. « Hmmm. Tadoussac, c'est peut-être un peu loin pour une première fois. Surtout pour des gens de Montréal (eux, ils partent de Neuville, quelques milles en amont de Québec). De toutes nos années de navigation, je pense qu'on n'a jamais rencontré de bateaux de Montréal au-delà de l'Isle-aux-Coudres. Les gens de Montréal arrêtent presque tous là. Le brouillard, les courants, les caprices du temps... Une fois qu'ils ont passé la Petite Rivière Saint-François, les gens de Montréal s'arrêtent presque tous à l'Isle-aux-Coudres. » La Petite Rivière Saint-François se jette dans le Fleuve par la Rive Nord, à l'ouest de l'Isle-aux-Coudres. Ce passage obligé lorsqu'on emprunte la route balisée des cargos a très mauvaise réputation à cause des importants clapots et de la mer croisée qu'elle provoque, rendant la région parfois dangereuse à naviguer, selon les vents. Ceux qui ne connaissent pas à l'avance la promesse des surprises tumultueuses de la Petite Rivière Saint-François peuvent en avoir plein la gueule une fois le secteur traversé. « Mais vous allez voir, c'est pas grave si vous arrêtez là, parce que c'est vraiment beau l'Isle-aux-Coudres ! »

Parce que l'homme nous est vraiment sympathique, j'oublierai qu'il nous a fait cette provocante mise en garde. Mais la mise en garde elle-même ne quittera jamais mon esprit pour autant.

En cette fin de première étape, c'est presque à regret qu'on laisse le *Griserie* au quai de la Marina Batiscan. Il y passera la semaine pendant que nous on retourne travailler. Mais tu ne perds rien pour attendre, bateau !

De : Lucie et René @videotron.ca
À : Anthony @pocketmail.com
Date : 4 juillet 2000, 07h54
Objet : Bateau Ivre, Bateau Ivre, Bateau Ivre

Ici *Griserie, Griserie, Griserie...*

Ça y'est. Notre bon vieux *Griserie*, qui n'a jamais eu aussi fière allure, flotte en ce moment au gré des marées !

On pensait que Montréal-Québec allait être une sorte de corvée, un mal nécessaire pour se rendre ailleurs, et ben on s'est trompés d'aplomb ! Ok, le parcours de vendredi entre Oka et Longueuil, avec les 3 écluses, c'était pas nécessairement l'Eldorado. Mais ça s'est tout de même très bien passé. Quasiment pas d'attente aux 3. Samedi, on s'est tapés une journée de pure ravissement ! On a fait Longueuil - Trois-Rivières d'un trait, avec un beau p'tit vent du Sud-Ouest, pas assez fort pour lâcher le moteur mais juste assez pour envoyer le génois et gagner un petit nœud de plus. Motooorrr-Sailiinnggg ! Une moyenne d'à peu près 7,5 / 8 sur le fond. Déjà, le lac Saint-Pierre (et ses bébés toupies) nous a fait tripper par sa grandeur.

Dimanche matin, la météo annonçait d'la "grosse-shnout" (à lire avec un accent allemand, pour augmenter le dépaysement) dès la fin de l'avant-midi. On a donc choisi de faire un tout petit bout de chemin, jusqu'à Batiscan, mais avec un super vent-d'cul qui nous a fait surfé. Yaaahooouuuu ! Et on s'est accrochés au quai vers midi, soit juste avant que la merde prenne sérieusement. Le bateau y passe la semaine pendant que nous on travaille ici.

On repart vendredi vers Batiscan et selon le temps, on devrait être à Berthier-sur-Mer dimanche. Tadoussac est possible entre le 16 et le 25 juillet. Si ça se fait, on ira te saluer sur ton Bateau Ivre.

Salut !

Lucie et René

Chapitre 8

La semaine est longue. Et insignifiante. J'ai le sentiment de m'emmurer volontairement, de me momifier vivante, exprès, pendant que je sais jusque dans mes os que la vie est ailleurs. Étrange sentiment. Pas encourageant pour deux sous. Mais il faut bien les financer ces vacances. On a beau se sentir l'âme de deux Moitessier en herbes, on n'a pas l'intention de passer le voyage à manger du riz matin et soir ! Ni pour l'hiver à venir non plus d'ailleurs.

Sauf que dès la journée de travail finit, on passe chaque instant à prévoir la liste, ou la boîte, de ce qu'on avait oublié d'embarquer à bord avant le départ. Plus, évidemment, les essentiels pour le prochain week-end.

On fignole des bébelles : réparation de la pompe à eau qui fuyait (et qui a vidé le réservoir dans le bateau) et qu'on avait rapportée, re-achat de grosses défenses et loonnngues amarres (j'avais l'air d'une vraie touriste avec mon p'tit bout d'corde sur le nez du bateau !), achat d'une nouvelle radio vue que la nôtre nous a révélé son âge en fin d'semaine (!)...

Dans le fond, tout ce temps qu'on y passe (et qu'on a passé à préparer tout ça depuis janvier) me semble parfois un tantinet ridicule. Tant de planification, tant d'efforts, pour une bien courte croisière finalement. Est-ce qu'on devient meilleurs et plus rapides à tout organiser au fil des voyages ? Honnêtement, je l'espère.

S'il fallait que la préparation représente toujours le même ratio par rapport à la durée du voyage... vous ne pourriez lire le récit de notre futur tour du monde que dans deux ou trois vies !

Enfin, vendredi arrive. Et avec, le ballet du convoyage. Parce que si vous avez lu le chapitre précédent avec un minimum d'attention, vous devriez normalement vous demander comment nous avons pu faire pour revenir à Oka après avoir laissé le bateau à Batiscan ? La réponse tient en un exercice logistique empreint d'un peu de chance.

Un oncle de René travaille près d'Oka mais habite à Saint-Philémon[11], au Sud-Est de Québec, dans les terres. Dimanche dernier, "mon'oncle" attendait notre coup de fil pour nous ramasser, là où nous serions, alors qu'il revenait de Saint-Phil (pour les intimes). Puisque la semaine, il habite chez sa sœur, à 10 minutes d'Oka, il nous a simplement déposés à la maison. Et ce soir, il nous embarquera à nouveau pour nous laisser à Batiscan... et attendra notre prochain appel dimanche. Le calcul vaut le travail !

Il est 17 heures. La bouffe est dans la glacière, les vêtements dans leurs poches. L'affaire est dans l'sac et l'arbre est dans ses feuilles. Partis pour la deuxième étape.

---

[11] Lieu-dit « le plus beau village au monde ». Un mini chapelet de maisonnettes lovées dans le pli de montagnes veloutées de verdure, au cœur du Comté de Bellechasse. Après avoir quitté Saint-Philémon et son Massif du Sud, la route pique vers le Nord et nous amène sur un point de vue magnifique du Fleuve, face à l'extrémité Est de l'Île d'Orléans.

Chapitre 9

Samedi 8 juillet 2000. Bulletin météo à 07h00 : de Trois-Rivières à Québec, vent d'Ouest de 0 à 1 nœud. Parfait. Évidemment, il ne s'agit pas là des conditions idéales pour faire de la voile mais puisque, pour l'instant, notre but demeure uniquement d'amener le bateau aussi loin que possible, on savait d'avance que le moteur serait un allié précieux. On fait le plein de diesel. René bizoune encore sur la pompe à eau. On l'avait ramenée avec nous dimanche dernier, pour permettre à René de corriger le bobo, ce qu'il a tenté de faire. Mais sans réussir cependant. C'est ce qu'on se dit en asséchant le plancher encore une fois ce matin. Et puisque notre radio VHF avait aussi rendu l'âme (on a fait cette macabre découverte en tentant d'appeler la marina de Trois-Rivières...), on procède aujourd'hui à l'installation de la nouvelle radio, qui n'a pas l'air d'aller mieux non plus ! Décidément, s'il fallait attendre qu'un bateau soit vraiment prêt pour partir, on passerait l'été dans la cour de la Marina.

Finalement, on quitte la Marina de Batiscan à 9 heures. C'est un peu contre nature puisqu'on aura le flot[12] dans le nez jusqu'à Neuville. Mais on l'estime à 1 nœud tout au plus. À Batiscan, on a un peu moins de 2 pieds de marnage. Le courant de marée y a bien peu d'impact.

---

[12] Flot : se dit du courant de marée lorsqu'il remonte. Le courant de marée qui descend s'appelle le jusant. C'est facile : le flot va en haut et le jusant descend.

Et on préfère profiter du jusant à partir de Neuville pour passer la traverse du Rapide du Richelieu au bon moment et pousser ensuite jusqu'à Berthier-sur-Mer, 71 milles plus bas.

Les guides suggèrent un départ de Batiscan 8 heures avant la basse-mer à Québec lorsqu'on a Québec comme destination. Ce qui nous aurait fait quitter Batiscan vers midi aujourd'hui puisque la marée sera basse à Québec à 20h10. Mais, puisqu'on veut se rendre à Berthier-sur-Mer, on triche ! On verra bien.

Dès le départ de Batiscan, le chenal se tasse vers la Rive Sud du Fleuve. En face de La Pérade, entre autres où, pour éviter les écueils de la Batture Sainte-Anne, il s'approche à moins de 200 mètres de la Rive, à Cap Lévrard. Les guides nautiques nous encouragent à naviguer dans le chenal pour profiter du courant. Personnellement, j'y vois une autre bonne raison : y'a pas d'eau ailleurs ! J'ai l'air de rigoler mais de Batiscan à Portneuf, naviguer le Fleuve en son plein centre équivaut à jouer à la roulette russe, mais avec 5 balles dans le chargeur !

Des battures, des hauts-fonds, des roches à fleur d'eau, avec en prime des zones de remplissage ici et là... Je pense que pour traverser le Fleuve en kayak, d'une rive à l'autre, en face de Deschaillons-sur-Saint-Laurent, il faudrait probablement faire du portage sur au moins les 3/4 de la distance. Donc, avertissement des guides nautiques ou pas, un simple coup d'œil à la carte Donnacona/Batiscan suffit à convaincre n'importe quel capitaine de ne pas s'aventurer en dehors du chenal. À moins d'avoir envie d'y rester !

Dans cette section du Fleuve, la Rive Sud présente d'abruptes falaises qui m'étonnent beaucoup. Je me demande un peu d'où elles sortent.

Pendant notre première heure, le loch, encore trop optimiste, indique 6 nœuds. On roule à moteur. Pas un souffle de vent dans les environs. On s'émerveille du spectacle qu'offre le Fleuve en ce moment qui précède à peine la renverse du courant. En jouant avec le courant, le flot fait des ronds dans l'eau. C'est tout doux, et tout puissant à la fois.

Au-dessus de nous passe un hélico, portant en son flanc le dessin d'une rose des vents, comme dans l'émission française la Carte au trésor. J'aimerais bien voir notre petit *Griserie*, vu d'en haut, dans un de leur prochain épisode.

À 11 heures on arrive face à Deschambault, en plein dans les Rapides Richelieu, tronçon du chenal où les courants peuvent compliquer la route d'un bateau en atteignant jusqu'à 5 nœuds au plus fort du baissant. Au moment où l'on y passe, il atteint environ 3 nœuds. Je n'ai pas développé de sixième sens pour le savoir : j'ai toujours le nez dans l'Atlas des marées que je rebaptiserais volontiers "les courants du Fleuve pour les nuls" ! Un petit outil fascinant et drôlement utile pour prévoir les heures d'arrivée en tenant compte de la vitesse et de la direction des courants de marées.

Le vent s'est levé au cours de la dernière heure, du Sud-Ouest. On l'a en plein dans le dos. Avec la poussée supplémentaire du génois, plus le courant qui commence à être sérieusement de notre bord, on a parcouru 9,5 milles au cours de la dernière heure. Avec ce courant qui influence de plus en plus notre vitesse, plus l'impact du vent, *Bidoune* n'est plus vraiment une référence. Il ne nous dit que la vitesse de déplacement du bateau sur l'eau. Il ne considère pas que nous nous baladons actuellement sur un vrai tapis roulant ! Et comme on n'est pas encore foutus de se servir intelligemment de *Garoù*, je m'en remets aux cartes pour mesurer précisément notre vitesse sur le fond.

Autour de nous, rien n'est plus paisible. Le vent nous souffle de plus en plus fortement dans le derrière et ce ciel bleu, si prometteusement bleu ce matin au départ de Batiscan, se fait actuellement attaquer de toutes parts par une horde de nuages traîtreusement noirauds ! De toutes évidences, la journée n'est pas finie...

On profite du temps relativement calme qui s'achève pour luncher en catastrophe. Sous notre dernier trou de soleil, en passant devant la drôle de silhouette d'un arbre au bout de la Pointe-au-Platon. Je me demande depuis combien de temps il est planté là. Il a l'air plutôt mort. Plusieurs capitaines ont dû se le garder en repère de passage en passage, comme une vigie ou un ami qu'on reconnaît de très loin. Mais comme il n'a pas l'air très très vaillant, mieux vaut ne pas le conserver comme amer pour le prochain voyage. Il pourrait bien en être à sa dernière saison.

On voit au loin, comme en arrière plan, des maudits-gros-cumulo-nimbus-noirus s'abattrent en orage. On en voit au Sud et on en voit au Nord. Et il y en a un, particulièrement pas joli, qui a l'air d'avoir décidé de traverser le Fleuve du Nord au Sud, devant nous, dans les environs de Donnacona. Comme on est à quelque 5 milles de là, mon prévoyant Capitaine choisit de rentrer le génois et diminuer le régime du moteur. Avec un peu de chance, en roulant à moins de 5 nœuds sur le fond, le nuage devrait avoir traversé le Fleuve avant qu'on y soit. La stratégie fonctionne à merveille. On évite cet orage. Mais, peut-être fâché de voir qu'on lui a joué ce tour, le foutu nuage s'est appelé du renfort. Et par le temps qu'on arrive à la hauteur de Donnacona, c'est tout l'almanach des nuages d'orages qui s'en vient vers nous.

En attendant, moi, qui n'aime pas particulièrement les orages, (ouais, j'avais oublié de vous le dire : ça me rend folle), j'essaie désespérément de capter un bulletin météo sur notre radio VHF neuve qui ne veut rien cracher du tout. À 12h12, j'accepte d'être de mon temps : je saute sur le cellulaire et appelle la ligne info-météo Québec : "Ciel variable avec averses/orages isolés. Risques d'orages violents. Vent d'Ouest de 15 à 30 km/h - Risks of guts in thundershowers -" Hmmm. Trop tard pour décider d'opter pour des vacances de golf. On est là. On est dedans. Les options sont minces. On a le choix d'enfiler nos cirés... ou de se faire mouiller.

À 12h45, conscients que la meilleure chose à faire tient à se pousser de là au plus sacrant, on repart la machine à plein régime. Dans le sifflement strident du nouvel arbre d'hélice qui, bien sûr, ne se taira jamais lorsqu'on avance à basse vitesse ou à vitesse maximum. Et là, s'agit d'y aller, dans l'tapis !

Je sais qu'à 13 heures, on passe la bouée Q40. Mais c'est la dernière chose inscrite au journal de bord avant la reprise quelque trois heures plus tard.

À partir de l'instant où l'on a compris qu'on allait y goûter, j'ai bien dû m'y résigner. Comme René d'ailleurs qui n'anticipait pas avec trop de joies ce qui s'annonçait non plus. Pour bien lui faire comprendre que je ne suis pas terrorisée pour autant, je m'amuse à sortir la caméra vidéo et à prendre en images ce décor de petite fin du monde qui nous entoure. En regardant dans le viseur de notre vieille caméra, les images en noir et blanc me semblent de plus en plus franchement noires. Et au fur et à mesure que je déclame mes conneries de commentaires pour faire le clown, je vois bien que mon Capitaine a l'air, comme le ciel, de plus en plus sombre. Encore un dernier coup de kodak pour bien montrer les vagues sur lesquelles on surfe sérieusement depuis la dernière heure, le vent ayant monté à au moins force 4 depuis peu. La pluie commence à nous tomber dessus, doucement. On sait que ça ne durera pas. Le "doucement" je veux dire. Vite les cirés. Ouf ! Mais c'est qu'il vente. Et qu'il vague aussi. Et la coque qui tape dans les vagues achève de nous arroser. Et la pluie se met à tomber un peu plus solidement. Et le ciel est noir, mais noir...

On amène donc la bâche, une toile de vinyle que l'on fixe du mieux qu'on peut à la main courante. En passant par-dessus la bôme, elle prend la forme d'une tente et nous abrite de la pluie. D'habitude. Quand c'est une petite pluie. Qui tombe bien droite. Aujourd'hui, elle a tout un défi à relever. Surtout que...

Surtout qu'en la fixant à la filière, je prends un choc. Et encore un autre. Pendant que je fais "outch", René prend aussi un choc à la barre. Et un autre au pataras. On se rend vite compte que quelque chose cloche. Le bateau est électrique. On prend des chocs à toutes les pièces métalliques.

- "Lucie, il doit y avoir un court circuit quelque part. Coupe vite la batterie des accessoires !"
- "OK" Batterie off. Mais il reste celle du moteur."
- "On peut pas couper le moteur. Le vent est devenu vraiment fort. On est en plein dans l'orage. On dirait qu'il y a une marina là-bas. Vérifie sur la carte et dans les guides et appelle-les. Dis-leur qu'il faut qu'on rentre parce qu'on a un problème électrique et ça presse !"

On a la Marina de Neuville presque par le travers bâbord. Mais selon la carte et les instructions nautiques, pas question de couper en ligne droite depuis notre position sans risquer de se planter dans un haut-fond rocheux. Et leur fichue bouée-chaloupe est encore presque un mille devant nous.

- "Trop loin. Je prends encore des chocs partout. Je pique en ligne droite."

Hé ! Merde ! Là, j'ai la trouille au ventre. Se planter dans la roche dans de telles conditions, ça ne serait pas l'idée du siècle. Et on ne peut même pas se fier sur *Bidoune* pour nous tracer le portrait de la profondeur de l'eau puisqu'on a coupé la batterie des accessoires. Sauf que, entre deux maux, il faut choisir le moindre. Et je n'ai pas du tout l'intention de moisir ici encore longtemps. Après tout, on est exactement à l'heure de la marée haute ici en ce moment, ce qui nous permet de compter sur quelque 12 pieds d'eau par-dessus les roches qui sortent à marée basse en grandes marées.

- "Ok mon chou. Bonne idée. FONCE !"

Je ressors dans le cockpit et là, ça brasse. En piquant presque franc-Nord vers la Marina, on se retrouve avec le courant sur le travers bâbord, les vagues grossies par le fort vent d'Ouest des dernières heures et, oh ! le beau bonus ! le vent qui soudainement vire en violentes rafales, du Nord-Nord-Est. Probablement 6 ou 7 Beaufort. À éviter. Quel sacré capharnaüm ! Ba-ding ba-dang. Fortement tabassée par le vent qui nous arrive maintenant par tribord, la bâche menace de tout arracher. Mais avec ce vent, impossible de la retirer maintenant. On se fait secouer comme une coquille de noix. Vous voulez une image plus concrète de ce à quoi ça ressemble ? Imaginez-vous des enfants qui font "du courant" dans une piscine. Après 10 tours, les adultes sautent à l'eau et s'amusent à courir à contre-sens. Qu'est-ce qui se passe avec la petite grenouille soufflée qui avait été oubliée dans l'milieu ? Vous voyez maintenant ?

Enfin. Ma ceinture de sauvetage est bien attachée sous mon ciré. Ce n'est ni un luxe, ni un caprice. Je reste debout dans le cockpit, du côté au vent du bateau, appuyant ma tête et mon dos contre le dessous de la bâche pour tenter de l'empêcher de partir avec la filière. Avec cette toile qui tente bêtement de résister au vent, on n'a vraiment pas l'air malins.

Étrangement, je ris. Et je ne pense pas que ce soit nerveux. En fait, au point où on en est, il n'y a pas autre chose à faire.

- " Hey chéri (imaginez-moi criant ça à tue-tête parce que le bateau et le vent font tout un tapage), c'est sûr qu'en ce moment, ça ne va pas vraiment bien et qu'on est un peu dans la merde. Mais mettons qu'on ferait comme si c'était pas épeurant... C'est violent mais c'est COOL hein ?"

Qui l'eût cru ? En plein orage, je prends le temps de me dire que j'ai du fun. Pour tout dire, ça n'a pas l'air d'être le cas de René. Il prend l'affaire très au sérieux, comme toujours d'ailleurs. Attitude qui joue très certainement un rôle majeur en la confiance que j'ai. Confiance en lui surtout...

Car, pendant tout ce temps, il reste extrêmement préoccupé par ces chocs qu'on prend encore partout, convaincu qu'on a un problème électrique vraiment dangereux à bord. Quant à moi, je ne pense qu'à l'orage.

Dès le tout premier choc électrique, pendant que René supposait un court circuit, j'ai avancé une autre hypothèse.

- " Tu sais, avec ma peur des orages, j'ai fouillé sur Internet dernièrement et j'ai trouvé quelque chose qui pourrait peut-être expliquer ces charges électriques sur le bateau. Ils expliquaient que juste avant la décharge d'un coup de foudre, la surcharge d'électricité des nuages se préparaient un chemin jusqu'au sol (ou jusque sur l'eau) et qu'il y avait un peu d'électricité dans ce couloir. Et que ça se produisait pour préparer le terrain à un éclair... Ah pis voyons donc. Ils disaient aussi qu'à ce moment on sentait les poils nous dresser sur le corps. As-tu la chair de poule toi ? Non hein[13] ? Ben non, ça ne tient pas debout mon histoire. De toutes façons, j'ai beau avoir peur des orages mais je ne peux pas croire que pour notre tout premier voyage sur le Fleuve, lors de notre tout premier orage, on serait la cible d'un couloir

---

[13] Avec un peu de recul, évidemment qu'on ne pouvait pas sentir la chair de poule : on avait des vêtements à manches longues mouillés sur le corps plus un ciré par-dessus. Alors la chair de poule ? Va savoir !

et que la foudre va nous tomber sur la tête ! Quand même ! J'achète des billets de loterie pour moins de probabilités de gagner que ça !!!"

Et ben, j'avais raison. On allait bientôt en être sûrs.

L'arrivée à la Marina de Neuville a été très spectaculaire. Surtout l'approche, dans ces vagues monstrueuses et ce vent fou qui ne laissaient pas large entre les deux jetées de ciment tenant lieu d'entrée. Le bateau roulait tellement que René m'a retenue dans le cockpit lorsque j'ai voulu aller fixer les défenses et préparer les amarres. J'admets que j'aurais eu peu de chance de rester sur le bateau sans harnais. Et je n'en avais pas. C'était un peu con finalement.

On a réalisé que le temps était vraiment, mais vraiment rock&roll, lorsqu'on a vu tout ce monde rassemblé sur les pontons et qui surveillait notre entrée. On nous attendait à un autre quai que celui annoncé quand j'ai téléphoné. Les gens de la Marina nous ont expliqué qu'au début du coup de vent, les bateaux ont commencé à arriver de partout pour trouver refuge à l'intérieur des jetées et que tous se sont rués systématiquement vers chaque espace libre à un ponton. On a même vu des bateaux amarrés de travers entre les pontons, par le flanc, par le nez, n'importe où n'importe comment, du moment que ça tienne !

Une fois le *Griserie* solidement attaché au quai... plus un choc à bord. Je rallume la batterie d'accessoires : rien. On repart le moteur : rien. On détache la bâche, touche tous les haubans, la barre, la main courante : rien, niet, nada. Aucun problème électrique à déclarer Capitaine.

On entre sagement dans la cabine. Tire le rouf en position fermée puisque la pluie reprend. Enlève les cirés. Ouvre deux bières. S'assoit en poussant un long soupir. Et moi, je ravale péniblement, réalisant tout à coup ce qui a bien failli nous arriver.

J'avais glissé dans un cartable rouge quelques pièces d'informations disparates ramassées ici et là sur différents sujets. Après des pages et des pages de descriptions sur les baleines, après l'histoire de la navigation et des naufrages sur le Fleuve et quelques poèmes choisis, j'avais bien sûr apporté les pages d'explications sur les caprices météo, dont les orages. Voici à peu près ce qu'on y a relu, ensemble cette fois-ci. Dans les nuages d'orage (les cumulonimbus) se créent de violents vents ascendants qui provoquent un frottement entre les particules en suspension, qui amène à son tour une électrification statique. Je vous épargne le bout où, d'un déplacement des charges électriques à un autre, on aboutit à ce qui suit. À la base du nuage, on finit par retrouver des charges négatives qui, lorsqu'elles sont assez puissantes, peuvent produire une sorte d'étincelle. On observe alors une faible décharge, appelée traceur par bonds, qui s'amène vers le sol en zigzaguant. Ce traceur se déplace à environ 200 km/s. Dès qu'il rencontrera un objet (on parle généralement d'un arbre ou d'un clocher, mais, faites-moi confiance, un bon vieux mât d'aluminium fait tout aussi bien l'affaire !), le chemin entre le sol et le nuage est ouvert. Rendu là, si on s'en tient aux explications contenues dans mes papiers, le coup de foudre est imminent. Heureusement pour nous, il semble tout de même subsister parfois quelques exceptions.

Pour le simple plaisir d'achever convenablement cette brève explication sur le phénomène de la foudre, j'ajouterai seulement que le coup de foudre se déplace à près de 40 000 km/s et son voltage peut atteindre 100 millions de volts (par rapport au courant 12 volts qui alimente l'éclairage et les appareils du *Griserie*, on dirait que ça fait encore plus peur non ?)

Autrement dit, on l'a échappé belle. La foudre qui s'abat sur un bateau peut causer des dommages franchement embêtants, en l'occurrence fendre le bateau et/ou le faire éclater et/ou lui causer de jolis trous. Dans tous les cas, la suite est assez catastrophique. Touché, coulé. Ici, en amont de Québec, avec nos vêtements de flottaison bien attachés, on aurait pu tenir un bon moment dans l'eau. Pas de risque d'hypothermie en cet endroit. Et comme on était quand même assez près des côtes, je suppose que des riverains ayant remarqué le feu d'artifice auraient tôt fait de prévenir la Garde Côtière et nous n'aurions sans doute pas moisi là longtemps. Reste à savoir à quel point nous aurions été grillés, ou frisés...

Mais comme rien de tout cela n'est arrivé, pas la peine de se donner mal au ventre rétroactivement. Au fait, à cause du tapage du vent et du bateau, on a bien vu des éclairs spectaculaires, assez tout près merci, mais on n'a même jamais pu entendre le tonnerre ! Quant aux secousses subies dans la tempête, une remarque mérite ici d'être apportée. Nous n'en aurions pas tant souffert si nous étions restés au milieu du Fleuve. Les gros effets du vent, nous les avons essuyés en tentant de rentrer à la Marina, coupant courant, vagues et rafales à 90 degrés, à peu près la pire chose à faire. La situation inquiétante de l'électricité du bateau nous a forcés à faire ce choix. N'oublions pas que nous croyions qu'un court circuit en était la cause. Il n'aurait pas été plus sage d'attendre qu'un incendie se déclare.

Sommes toutes, René a donc fait le bon choix. Feu ou foudre, mieux valait chercher un abri vito presto. Ceci dit, même dans le pire des vagues de travers, nous n'étions pas en danger. C'était impressionnant, grandiose, incroyablement puissant j'en conviens, mais surtout parce que c'était nouveau pour nous. Déjà, on le revivrait qu'on comprendrait tout de suite que la situation est juste normalement mauvaise et que ça n'annonce pas nécessairement la fin du monde! De plus, mieux vaut nous y faire. Ce coup de vent, tout de même en haut de la moyenne ici, fait peut-être partie des conditions ordinaires, plus bas, dans le Golfe. Autant donc s'y habituer tout de suite.

Pour ne pas avoir vécu tout ça inutilement, j'espère seulement qu'on en retiendra quelques leçons. D'abord, mon Capitaine aurait dû enfiler sa veste de sauvetage dès le début, en même temps que moi. Dans une situation comme celle-là, je suis un barreur inutile, voire probablement dangereux. Une coche à côté d'une cloche. S'il avait fallu qu'il perde pied, en essayant de me retenir peut-être, j'aurais vraisemblablement été incapable de le ramasser! Au mieux, j'aurais peut-être réussi à lui passer sur la tête. Avec un vêtement de flottaison, il aurait certainement pu nager jusqu'au bord au moins! J'aurais tout de même été dans la merde au moment de passer les deux jetées mais bon, comme c'est pas arrivé, j'aime mieux ne pas y penser.

Deuzio : mieux vaut prévenir que guérir. En voyant la menace évidente du ciel, on aurait pu avoir la prévoyance de s'arrêter à Donnacona plutôt que de foncer vers la tempête. Mais lorsqu'on voit venir les nuages, on se dit que ça ne sera qu'un orage et on ne veut pas compromettre la route à parcourir. Sauf qu'on ne sait jamais d'avance ce qui se cache vraiment dans un tas de nuages.

Finalement, troisième leçon du jour : de toutes évidences, *Griserie* n'a pas de paratonnerre. Très grave lacune sur un voilier. Surtout sur le mien ! Pas négociable. À corriger de toutes urgences !

On profite donc de notre halte forcée au Port de Refuge de Neuville, qui n'a jamais si bien porté son nom de Refuge d'ailleurs, pour ramener notre taux d'adrénaline à un niveau plus normal. En se disant que la route s'arrête ici pour aujourd'hui. Surtout si le temps continue d'être aussi maussade. En fait, surtout surtout tant que ce vent d'Est ne cèdera pas. Autrement dit, s'il le faut, on reste, mais s'il y a moyen, on part !

Avant notre intrigue électrique, soit lorsque j'ai voulu prendre le bulletin météo sur la radio, on s'est rendus compte que le nouvel appareil ne fonctionnait pas vraiment mieux que le précédent. Pour tout dire, le plus gros bobo de l'ancien VHF tenait principalement au fait qu'on ne voyait plus du tout les chiffres du canal syntonisé. Les marins d'eau douce (que nous étions !) laissaient ce radio dans le bateau pendant les entreposages d'hiver. Déjà qu'elle avait de l'âge, on ne lui donnait vraiment aucune chance.

Ai-je besoin d'ajouter des détails quant à la réaction des cristaux liquides après les gelées[14] ? On n'y voit que

---

14 Du moins, c'est mon hypothèse, même si elle n'est pas partagée de tous !

dalle ! Une grosse goutte noire envahissait la face du cadran. Mais en plus, ce qui justifiait l'achat d'un nouveau poste, la réception se faisait de plus en plus pénible, même pour le canal 16 [15]. On avait cru que le nouvel appareil règlerait tout. Erreur : il ne corrige pas la connexion. Il nous faut donc admettre aujourd'hui que l'antenne et/ou son fil sont possiblement la vraie source du problème. Voilà donc mon Capitaine-électricien (après le Capitaine-plombier et avant le Capitaine-mécanicien), espérant corriger le mauvais contact de ce llllooonnnnggg filage qui court de l'entrée du carré jusqu'en tête de mât, à partir du tout petit bout de 10 cm accessible depuis le rouf. Assis comme ça, en indien au pied du mât, il me fait penser à Moitessier. Moins la barbe.

Pendant que le génie s'affaire, je scrute le ciel à la recherche d'un quelconque indice quant à la suite du temps. Je ramasse les jumelles et l'anémomètre portatif et je vais me balader sur la longue jetée qui s'avance dans le Fleuve et ferme la partie Est du bassin de la Marina. De ce point de vue, assise sur les jolis bancs qui s'offrent aux promeneurs, j'espionne la crête des vagues, au loin, vers Québec. Pas joli joli.

Comme il est environ 15h30, le courant, presque au plus fort du baissant, s'enfarge dans les vagues soulevées par le vent d'Est. Que j'appellerai, d'ici la fin de ce récit, ce Foutu Vent d'Est. Prenez ça comme le surnom qu'on donnerait à un ami lorsqu'il se pointe pour une fête... mais jamais le bon jour ! Donc, avec mon anémomètre à bille, que je tiens dans les airs à bout de bras, je confirme

---

[15] Le Canal 16 est le canal de la Garde Côtière et généralement réservé aux situations d'urgences ou aux avis à la navigation.

que ce Foutu Vent d'Est souffle encore à plus de 10 nœuds avec de fréquentes pointes à une bonne quinzaine de nœuds. Trop fort pour tenter de s'y mesurer de face... calmement du moins !

Pendant que je grimace de doute et d'hésitation, je reconnais un déjà-vieil-ami, le fameux capitaine Scratch, croisé il y a quelque temps à l'écluse de Sainte-Catherine. Les rencontres à ports restent des instants étrangement précieux. Ce presque parfait inconnu m'accueille comme si nous avions une vie d'histoires en partage. À peu de choses près, il me prend quasiment dans ses bras en me retrouvant. Je me souviens, juste à temps, que je ne le connais pas. J'ai bien vu l'âme de son bateau par l'écorchure de sa coque, mais je ne sais rien de celle du capitaine !

Je suis assez étonnée de constater que le capitaine Scratch, qui, souvenez-vous, s'était arrêté à Longueuil en même temps que nous, soit huit jours auparavant, n'est pas rendu plus loin qu'ici. Me souvenant que sa destination est Halifax, qu'il compte rallier d'ici un mois, je lui souhaite d'accélérer un peu la cadence pour le reste de son voyage. Mais heureusement, ce bout-là ne se passe que dans ma tête.

Scratch me raconte qu'il s'est arrêté ici, juste un peu avant nous. Avant l'orage en tous cas. Mais que son entrée n'a pas vraiment été plus discrète que la nôtre... Ce rigolo avait décidé d'attendre la renverse du courant en restant accroché à une bouée du chenal, ici, juste devant Neuville. En navigation, ça équivaut à peu près à rester stationné dans la voie de droite de l'autoroute Métropolitaine pour attendre une baisse du prix de l'essence ! Le genre de truc qu'on enseigne à ne pas faire dans n'importe quel cours de plaisance.

Alors, voilà son beau yawl d'à peu près 40 pieds accroché avec son câblot d'ancre à la chaîne de la bouée. Imaginez la scène. Le courant remonte. Ça fait valser la bouée, et forcément sa chaîne, qui doit s'entortiller à qui mieux mieux, au gré du courant. N'oublions pas qu'à ce moment, il vague et il vente pas mal sur le Fleuve. Et là, le courant vire enfin, entraînant Scratch vers son heure de départ. Sauf que... Avez-vous une idée du nœud de macramé qui s'est formé là-dessous ? Devinez la suite ? Scratch, tout penaud, confiné à lancer un Mayday sur les ondes radio pour finalement se faire détacher de là par la Garde-Côtière. Et comme la tempête s'est levée et que le moteur du bateau ne suffit plus à remonter le courant, le magnifique Yawl et son capitaine rentrent à quai, remorqués par la Garde Côtière.

Je ne condamne pas. Mais cette anecdote illustre bien une réalité qu'on doit toujours garder en tête, surtout lorsqu'on est en bateau : ça va bien jusqu'à temps que ça aille mal. Même pour de bons navigateurs. Ici, je me dois cependant d'ajouter que je commence à avoir un sérieux doute quant à l'expérience de Scratch. Serait-il moins vrai-beau-vieux-capitaine que son look le laissait supposer ? Plus je le vois, plus je trouve Halifax bien loin...

Au moins, sa radio fonctionne-t-elle à merveille ! Aussi, il m'a vite fait le résumé des plus récentes prévisions météo. Le vent d'Est devait mollir et céder sa place au vent d'Ouest d'une minute à l'autre. Ensuite, on pourra compter sur lui pour le reste de la journée, force 3 maximum. Excellent.

Je reviens au bateau en vitesse. René a réussi à réparer le mauvais branchement de la radio et il me confirme avoir entendu le même bulletin que Scrounch m'a rapporté.

Depuis Batiscan, on a franchit 34 milles jusqu'ici. Il en reste 37 jusqu'à Berthier-sur-Mer. Il est 15h50. Les ponts de Québec sont à vue. Presque à portée de main. Le courant nous est encore favorable pour à peu près 4 bonnes heures. Il nous donnera environ 3 nœuds de poussée, jusqu'à 4 parfois, qu'on pourra bonifier d'un nœud de plus grâce au génois si le vent tient ses promesses. Mettons les 5 nœuds du moteur, plus 3 de courant, plus 1 dû au vent... 37 milles à parcourir à 9 nœuds sur le fond. Berthier-sur-Mer dans 4 heures ? C'est faisable. Un coup d'œil à mon Capitaine et c'est réglé. On appareille en vitesse et on décampe, direction Berthier-sur-Mer[16].

---

[16] Bien après, je réaliserai que la chose ne tenait pas debout. Ce jour là, pour ce moment là, le courant allait bien virer dans environ 4 heures, face à Québec. Mon erreur était de supposer que le mouvement de la marée baissante était une chose facile à comprendre et qu'elle allait forcément être basse, plus tard, face à l'Île d'Orléans et encore plus tard à Berthier-sur-Mer. Par innocence, j'ai spontanément supposé que la fin du baissant nous accompagnerait jusqu'à destination. Erreur. La basse mer se manifestait alors à Saint-François de l'Île d'Orléans presque 2 heures AVANT la basse mer à Québec. En d'autres mots, on allait se taper la renverse du courant en pleine face dès Québec passée. Et se débattre comme des diables, sans progresser parfois, jusqu'à Berthier-sur-Mer. Mais on voulait tellement... qu'on n'a pas pris soin de cosulter la table et l'atlas des marées pour valider notre hypothèse. Marins d'eau douce j'ai dit !!!

On gagne le chenal devant Neuville à 16 heures tapant. On est 3 heures et demi après la Pleine mer à Québec. Tel qu'espéré, le vent d'Est s'estompe et on recommence à sentir un petit souffle derrière nous. Tant mieux. Rien n'est gagné encore. Tout autour du Fleuve, les nuages continuent d'être menaçants. Mais ils ne semblent plus venir vers nous. Tant mieux, tant mieux.

Le *Griserie* s'approche des Ponts de Québec. Il y a, dans l'air du cockpit, quelque chose comme un mélange d'émotion et de fierté. Non, tiens. Plutôt une sorte de respect. L'approche de Québec, forcément marquée par ses Ponts, porte aussi une grande histoire dans son sillage. Depuis sa fondation par Samuel de Champlain en 1608, l'endroit est tout de même reconnu comme le berceau de la civilisation française en Amérique. Ce n'est pas rien ! Ok. J'admets que Cartier et sa gang arrivait par l'autre bord. Et oui oui, je sais, les Ponts n'y étaient pas encore... Mais quand même. Arriver à Québec, avec son propre bateau (surtout quant il est un peu petit !) comporte beaucoup de charme. Et on passe à côté de bien des choses si on ne laisse pas l'intensité de cet instant nous faire rêvasser au moins un peu.

Outre son aspect poétique, le passage sous les Ponts de Québec comporte aussi un aspect technique à ne pas négliger : plusieurs plaisanciers en parlent comme une sorte de cauchemar. On dirait que ça brasse toujours plus là qu'ailleurs. Je soupçonne encore le mythe de la mauvaise réputation du Fleuve d'en être la source. Autrement dit, j'en doute. Et voici venue l'heure du jugement !

Toute fière de prouver que j'ai raison, on arrive sous le Pont Pierre-Laporte avec toutes les conditions qu'il faut pour apprécier l'instant calmement, caméra vidéo au poing. Idem pour le Pont de Québec. - "Pff. Facile." Mais voilà qu'à peine sortis de l'ombre des Ponts, l'eau s'assombrit. *Bidoune* s'affole. Je pense qu'il n'a encore jamais compté jusqu'à 170 pieds de profondeur. Et tout d'un coup, après quelques tourbillons de vent et de vagues, situation normale autour de la structure dans 5 nœuds de courant, les vagues ont l'air de franchement vouloir se soulever. Une légère brise Nord-Est a pris la relève. Et le ciel grisonne. On a encore le temps de regarder passer l'entrée de la Rivière Chaudière mais le vent forcit de plus en plus.

Le chenal semble étroit avec le cargo qui s'avance vers nous, dans ce vent qui grimpe toujours. On doit bien être à force 4 Beaufort pour sûr. Et voilà qu'encore une fois, les nuages nous arrivent en plein dessus, avec ce Foutu vent d'Est qui nous pète encore en pleine gueule. Avec la pluie qui commence et les embruns qui nous mouillent davantage de minute en minute, ça devient un cas de cirés. Et de visage de marbre de la part du Capitaine. Sur ces images vidéo, il ne rit pas beaucoup. Il rit encore moins quand la vague du Cargo nous arrive dessus, grossit par le vent qui s'enrage contre le courant. La vague, celle du Cargo, nous soulève d'abord et nous fait tomber violemment dans son creux. L'éclat de la vague passe par-dessus le bateau, par-dessus moi qui ai pris bien soin de me cacher vite à l'intérieur, et atterrit directement... sur la tête de mon amour de Capitaine.

- "Lucie, appelle la Marina de Sillery. La journée s'arrête ici."

La Marina nous attend, moins d'un demi-mille sur notre travers bâbord. En deux temps, trois vagues, on y accoste. 18 heures. Malgré les récents efforts de René pour réparer la connexion radio, j'ai encore dû utiliser le cellulaire pour parler à quelqu'un. Le responsable de l'accueil de la Marina me dira plus tard que les batteries de son récepteur étaient à plat mais que ma transmission était bonne. Trop tard. Le doute s'est à nouveau installé envers la nouvelle radio.

16 milles au loch. Avec le vent contraire et le courant portant qu'on a subit, on ignore la pertinence des calculs de Bidoune. Après vérification sur les cartes, on confirme une vitesse moyenne de 6,6 nœuds. À côté des 9 nœuds escomptés... Bienvenue dans la vraie vie !

Le Yacht Club de Québec, d'où le fier YCQ signant tant de magnifiques bateaux, fait partie de l'histoire de la plaisance au Québec. De l'histoire de la voile même. L'histoire du Club, brillamment illustrée par de magnifiques photographies à l'intérieur du Club House, raconte que "... le 15 octobre 1861, une dizaine de yachts à voile, dont huit chaloupes des pilotes, se sont regroupés devant Québec pour prendre le départ de la première régate formelle sur le Fleuve Saint-Laurent ; (...) Ce dimanche d'octobre 1861 a donc vu naître le Yacht-Club de Québec, dont on dit qu'il est le plus vieux Yacht-Club en Amérique après New York."

Quelle incroyable Marina ! Que de bateaux ! Que de mâts ! Après avoir tâtonné les jumelles pour repérer enfin les lettres de notre ponton, nous nous retrouvons parmi les grands. Y'a que des 35, 40 et 45 pieds autour de nous. Au moment de s'amarrer au quai, on se rend compte de la "modeste taille" de notre *Griserie* : le ponton est tellement long que nos amarres se rendent à peine aux taquets ! Nous devons sortir des amarres supplémentaires pour arriver à barrer l'amarrage du bateau parce nos amarres courantes ne suffisent pas à la tâche ! Une fois l'opération terminée, *Griserie* a l'air d'un dinghy accosté au quai, avec de longues amarres étirées sur l'avant et sur l'arrière. Il fait à peu près la moitié de la longueur du quai.

Heureusement, comme nous sommes plus fiers que complexés, on se dépêche de sortir du bateau pour contempler l'effet réconfortant du soleil couchant qui, dans un dernier effort, rend doucement l'âme entre les nuages d'orages qui n'auront jamais quitté le paysage de toute la journée. Tous ces ponts de bateaux, enflammés par le couchant, nous enveloppent soudainement de poésie, nous remplissant le cœur de beautés et de paix, nous faisant déjà oublier les misères du jour.

L'endroit est magique. J'aimerais bien l'immortaliser sur la vidéo mais la batterie ne survit que quelques secondes, juste le temps de croquer l'arrière du bateau, les grandes lettres blanches du *GRISERIE* rosies par les dernières lueurs du soleil en ce pays de géants.

Question de profiter des lieux au plus vite, René et moi partons en repérage. Vite fait, le bistro nous attire. On aimerait bien y prendre une bière tranquillement assis en admirant le paysage, et la scène de notre petit bateau échappé parmi les grands, sauf que, fraîchement rescapés de cette difficile journée, notre tenue laisse peut-être un peu à désirer pour faire les coquets au bar. De plus, avec toutes ces merveilles de bateaux sous les yeux, il nous paraît vite évident que nous ne saurions rester assis à l'intérieur un seul instant.

Nous voilà donc, bière à la main (on est d'un chic fou, pas besoin de vous le préciser je suppose) à parcourir les pontons, nous émerveillant de la splendeur de chaque embarcation. Même les dinghys nous paraissent plus raffinés qu'ailleurs. Nous avons les yeux pleins de rêve et sourions bêtement à tout ce qui bouge, skippers et canards confondus. Même à la pluie, lorsqu'elle commence à tomber dans nos bières.

Suivant la sage recommandation de l'équipage, visiblement expérimenté, d'un grand yacht, on court s'abriter sous un des kiosques qui se dresse à chaque croisée de pontons, en prenant grand soins, bien sûr, de couvrir précieusement notre verre avec la main afin d'éviter une rapide et triste dilution ! On devrait en avoir marre de la pluie pour aujourd'hui, et pourtant, on a plutôt le fou rire. Dire qu'il y a des gens qui se privent de jouer dehors quant il ne fait pas beau. Ils ne savent pas ce qu'ils manquent ! Et il faut toujours savoir apprécier sa chance, même dans l'adversité : plusieurs plaisanciers se sont fait bombarder de grêlons cet après-midi juste à côté d'ici, en face de Cap Rouge. On y a échappé d'une trentaine de minutes tout au plus !

On revient donc au bateau, trempés encore on le devine, mais ravis d'avoir fait le choix de s'arrêter dans cette majestueuse Marina. Pour célébrer l'instant, on convient de profiter du Restaurant du Yacht Club pour le souper de ce soir. L'accueil est parfait et le menu exquis. Je me sens l'âme d'un héros. René conservera précieusement et longtemps le souvenir de cette soirée délicieuse.

Le Fleuve s'endort sous les innombrables lumières d'un paquebot de croisière qui passe... pendant que les haut-parleurs du resto chantonnent la musique du film Titanic. On croirait le tout arrangé avec le gars des vues. Sauf que... le gars des vues n'a pas vraiment tout prévu. J'ai un dernier sursaut de vie vers 20h45, à l'arrivée de mon dessert. Mais oh ! Quelle horreur ! Je m'endors tellement que je ne peux même pas y faire honneur.

Les surprises et les angoisses du jour me rattrapent soudainement et s'écrasent sur mes paupières comme un coup de masse. "Pan Pan, Pan Pan, Pan Pan : problème d'énergie à bord ! Urgent besoin de dormir."

Penaude et totalement vidée, je rentre au bateau avec mon Capitaine qui vient de se faire couper court sa soirée magique.

On se console toutefois en se promettant qu'il y aura bientôt une prochaine fois. La météo prévoit pour demain une journée à peu près aussi misérable que celle d'aujourd'hui, répétant à tous bouts de champs les trop célèbres "risks of guts in thundershowers". Ce qui nous amuse de cette phrase, dans sa version anglaise surtout, c'est qu'elle ne dit pas si-quand-combien-ni-où il y aura des orages. Finalement, ça veut dire à peu près : "il va venter très fort quand il ne fera pas beau". Yeah ! Ça m'aide.

Je me moque un peu mais on y comprend tout de même juste ce qu'il faut pour en retenir l'essentiel : il risque vraiment de ne pas faire beau demain.

Moi, je rêve d'une journée de paresse. Question de profiter de l'endroit et de m'en rassasier pleinement. René est d'accord. Demain, on ne bougera pas d'ici. Le

Griserie profitera d'une semaine de repos dans ce Yacht Club légendaire et on reviendra le trouver vendredi soir prochain, pour débuter nos deux semaines de vacances. Et on reprendra alors ce souper au resto que ma fatigue nous a fait escamoter. Magnifique. J'ai hâte à demain. Puisqu'on passera la journée ici, j'aurai tout le loisir de prendre les photos et les images vidéo que je n'ai pas eu le temps de prendre aujourd'hui. Et puisqu'on ne fera pas de route, nul besoin de se casser la tête ce soir pour la planification du réveil, en fonction des heures de marées, pas de relecture des instructions nautiques, pas de plein, pas de recharge de batteries... à part la mienne ! Alors au dodo. Ça presse.

On dort bien à bord du bateau. Dès qu'on pose la tête sur l'oreiller, on se fait prendre aussitôt par les bras de la nuit. À la tête, on a presque autant d'espace que dans notre lit à la maison. Quant à nos pieds, orientés vers le nez du bateau, ils profitent d'une agréable contrainte d'espace propice aux rapprochements. Alors après une journée intense et plusieurs heures de constante vigilance, la solidité du sommeil, dans notre cas, est directement proportionnelle à la solidité du ponton auquel le bateau est accroché. Alors au YCQ, ça dort !

* * *

Dimanche 9 juillet. Fidèles à nous-mêmes, on se réveille à 6h10. Plus tôt qu'on l'aurait cru pour une supposée journée de paresse : il fait un joli matin, absolument calme et le ciel, qui se réveille à peine, nous envoie des reflets de corail.

Question de s'en donner l'habitude, on jette un coup d'œil à la table des marées. À l'heure qu'il est, le niveau de l'eau baisse. La basse mer est prévue ici pour 08h20. En y regardant très rapidement (puisque l'idée a germée en même temps dans nos deux têtes folles), nous figurons que ça nous laisse environ jusqu'à 09h30 pour descendre[17]...

Un clin d'œil entendu et René fait les vérifications techniques du départ pendant que je ramasse un peu et que je nous prépare un petit café, pour la route. J'écoute la météo. "Risks of guts in thundershowers !" Bon. Pas nouveau. Mais ces vents et orages ne devraient s'amener qu'en après-midi seulement. D'ici à Berthier-sur-Mer, il n'y a que 23 milles à couvrir. Au pire, à 5 ou 6 nœuds, on en a pour 4 heures, tout au plus. En partant dès maintenant, nous serons sans doute à quai avant que le mauvais temps ne s'installe.

06h45. Au revoir YCQ. Dommage de déjà te quitter. Pardonne-nous, on a la bougeotte.

---

[17] Ce n'est qu'au moment de consigner tout ça en phrases complètes à partir du journal de bord que je réalise notre nouvelle erreur. La même que la veille en fait. Ça allait bien attendre jusqu'à environ 09h30 pour la renverse du courant... mais devant Québec ! Dans trois heures, nous, on serait rendus ailleurs ! Basse mer à Québec ce matin là, à 08h20, mais à 06h10 à Saint-François de l'Île d'Orléans et 06h16 à Berthier-sur-Mer. Bien longtemps après, je remarquerai que notre Guide « En suivant le Saint-Laurent » suggérait un départ une heure après la pleine mer à Québec pour une route reliant Québec à Berthier-sur-Mer. Et nous, les smattes, quittions Québec à peu près 1h30 avant la basse mer... Qu'est-ce qu'on ne doit pas faire comme bêtise pour apprendre !

J'ai un peu la trouille de partir. La journée d'hier est encore bien présente dans ma tête. Je sais que le temps sera à peu près identique cet après-midi. Je sais aussi qu'on n'a pas plus de paratonnerre qu'hier.

06h50, on est dans le chenal. Je suis déjà guérie de mes inquiétudes. Le soleil nous observe. Hauts dans le ciel, les cumulo-stratus et alto-stratus se préparent à tenir la promesse de monsieur météo. Presque rien de vent, du Sud-Ouest. Pas même de quoi monter une voile sans la faire davantage souffrir que travailler.

Dans ce calme et dans ces premières lueurs matinales, on dirait que tout Québec dort encore. Ça doit humer bon le café dans les chaumières. Peut-être y a-t-il quelqu'un penché à sa fenêtre, quelque part sur le boulevard Champlain ou dans une chambre du Château Frontenac, qui se dit : "Hmmm. Y sont de bonne heure su'l piton ces deux-là". Ou encore, plus poétiquement : "Diantre ! On dirait voir passer Jacques-Cartier... Oh ! Balivernes ma mie ! Ils ne vont pas du bon bord !!!". Tout étant toujours question de point de vue, du nôtre, ce qui est à découvrir est bien plus bas, là-bas.

À quelques poteaux électriques près et à quelques édifices aux façades en miroir près, nous pourrions nous imaginer, il y a trois ou quatre cents ans, prêts à échanger nos peaux de castors en arrivage d'Oka contre quelques morceaux de miroir. Aujourd'hui, on n'accepterait probablement rien en bas d'une pagette ou d'un GameBoy. Enfin.

Le décor est magistral. Calme et grandiose. Très impressionnant.

À cette heure, les traversiers reliant Québec à Lévis dorment encore à leurs quais. Le grand navire de la Garde Côtière aussi. Pour moi qui n'ai jamais trop su comment placer Québec dans l'espace, voici réglé, en un seul souffle et un seul coup d'œil, ce que des années de vie ne m'avaient encore pas fait voir. J'aurai ces images à vie dans la tête. Les cartes routières présentant les routes longeant le Fleuve ne me seront plus jamais indifférentes. J'y verrai dorénavant, en surimpression virtuelle, chaque côte vue de l'eau, chaque ville, chaque anse, chaque cap. À part un vol d'avion à basse altitude, le bateau est sans doute la meilleure façon de voir un lieu et de le situer enfin dans l'espace. On voit la muraille de la Citadelle au sommet du Cap Diamant, le flanc Est des fortifications de Québec, vieilles de presque 200 ans...

07h20. Devant le Bassin Louise, à la bouée K-165. Le *Griserie* est l'unique embarcation sur le Fleuve, aussi loin que l'on puisse voir. Le paysage nous offre Québec sur notre travers bâbord et Lauzon à tribord. Devant, on voit s'avancer le chenal de l'Île d'Orléans, passant au Nord de l'Île, et on entrevoit la grande courbe de 90 degrés qui pique plein Est, passant au Sud. Petite coquille de noix tranquille, nous voguons au beau milieu de cette splendeur. Poussés seulement par le moteur, qu'on aimerait bien plus silencieux en ce moment. Pas de vent.

L'Atlas des courants de marées nous révèle que nous nous baladons sur un tapis roulant qui se dirige à une vitesse d'environ 3 nœuds, dans la même direction que nous. Ça adonne bien. Entre la bouée K165 et K159, les cartes me permettent d'estimer notre déplacement à 12 nœuds sur le fond. Dur à croire. Je fais sans doute une erreur quant au courant. Mais laquelle ? J'ai beau avoir tous les meilleurs outils disponibles, par bout, il m'apparaît flagrant que je ne les assimile pas tous encore.

On remarque, au loin, au bord du chenal passant au Nord de l'Île, une curieuse barre blanche verticale. Il s'agit forcément de la Chute Montmorency. Environ trois milles nous séparent d'elle mais nous voyons facilement ses 83 mètres de blancheur se dresser devant nous. C'est tout de même 30 mètres de plus que les chutes Niagara. Pas banal. D'ici, le coup d'œil est vraiment bizarre. On ne voit que l'écume blanche, sans percevoir son déplacement vers le bas. Ça donne l'effet d'un grand mur d'ouate posé sur les parois. Totalement immobile. Comme figé dans le temps. Pendant que nous passons doucement.

En face de la Pointe du Bout de l'Île, on vire franc Est pour emprunter le Chenal des Grands voiliers. Ce passage suit le chenal naturel du Fleuve. Malgré son nom historique et poétique, le Chenal des Grands Voiliers est surtout la route retenue par les navires marchands. L'étroitesse du chenal passant par le Nord de l'Île, de même que quelques battures et hauts-fonds, ne permettraient pas à de très gros navires de s'y frayer un chemin.

Pour plusieurs, l'avantage de retenir le chenal des cargos comme choix de route tient principalement au fait que cette route est forcément bien balisée, parsemée d'aides à la navigation. Cependant, ceux qui s'en remettent exclusivement aux bouées pour naviguer rencontreront bientôt de plus en plus de problèmes : depuis l'avènement du GPS et l'utilisation systématique du radar, les pilotes de la voie maritime n'en ont plus rien à cirer des bouées ! Ce qui permet aux services des transports maritimes de réduire progressivement le nombre d'aides à la navigation, qu'ils maintiennent, à toutes fins pratiques, presque exclusivement pour le bénéfice des plaisanciers. Et on peut s'attendre à ce que toutes les bouées disparaissent un jour.

Quant à nous, ce choix de passer par le Sud de l'île est motivé par notre intention d'arrêter à Berthier-sur-Mer (parce que mon'oncle viendra nous y chercher en fin de journée !).

08h00. On passe sous les câbles aériens à haute tension qui alimente l'Île d'Orléans. Hauteur libre : 53 mètres. Et ben là, pour une fois, je n'ai vraiment, mais là vraiment aucune crainte d'accrocher. On a l'air d'un pet ici !

L'Île est jolie. On voit en ce moment ses quelques collines, situées près de la pointe Sud-Ouest. Pas d'extravagance topographique en vue. Le plus haut "sommet" (!) culmine à une altitude de 150 mètres. La rive Sud de l'Île est faite de collines et d'escarpements peu élevés. Sur toute sa longueur, l'Île d'Orléans étale sa beauté tranquille. "Les 42 milles de choses tranquilles" de Félix Leclerc fascinent autant à les voir qu'à les entendre. En fredonnant Bozo, je pense à ma famille, à nos amis, à nos gentils voisins amoureux de Félix... j'aimerais bien leur faire partager cet instant. Sans doute que ni les photos ni la vidéo n'y parviendront. Ils ne le sauront peut-être que le jour où ils liront ces lignes...

Quelques cargos nous tirent de notre rêverie. On dirait que c'est le matin des porte-conteneurs. Ils se suivent ou se croisent, poursuivant leur route paisible autour de nous. Comme si nous n'étions pas là. En autant qu'on ait pris soin de se tasser de leur chemin. Autrement, j'imagine que je les trouverais moins discrets.

L'un de ces bateaux, faisant route vers Québec, nous semble particulièrement chargé. Il en a l'air plus enfoncé dans l'eau que les autres qu'on a vus jusqu'à présent. Et ma foi, est-ce que j'hallucine, on dirait qu'il va plus vite que tous les autres. On l'observe, collés aux max sur le côté Sud du chenal, question d'avoir le temps d'appréhender sa vague. Elle nous brasse un peu en arrivant à nous mais comme on s'y attendait, et qu'on était assez éloignés de lui, on gigote un peu mais sans fracas. On le regarde s'éloigner derrière. Le pilote a dû donner un petit coup de barre pour s'engager dans l'alignement de la Pointe-de-la-Martinière ; ou encore, il s'est enfargé dans ses manettes ; mais il s'est passé quelque chose, c'est sûr. On a vu le cul du bateau se mettre à pencher fortement vers bâbord, si bien que les premières lettres du « Hamilton » qui l'identifiaient se sont perdues dans les vagues. On ne cligne plus des yeux. J'ai cru qu'on verrait son chargement passer par-dessus bord.

Mais tout lentement, le bateau s'est rétabli dans son assiette et les H - A - M de son « Hamilton » se sont remises à sécher doucement.

On a trouvé ça plutôt étrange qu'un tel bateau gîte autant, dans une eau aussi calme et des conditions aussi faciles qu'en ce moment. Qu'est-ce que ça doit être en plein Atlantique ? On a mis notre surprise sur le compte de notre inexpérience en concluant qu'on se laissait peut-être impressionner par pas grand-chose.

Ce n'est que ce soir-là, en apprenant que le même bateau avait arraché les moulures à l'étrave du Ducky, qu'on a compris qu'il dépassait certainement les limites du raisonnable. En poids ou en vitesse, ça, on ne le saura jamais.

Je n'ai pas encore vraiment parlé du Ducky, le yacht de 33 pieds des parents de René. Ex-voileux, Lucien a troqué sa Marilyne, un Tanzer 7,5, pour ce joli Luhr, un bateau moteur largement plus spacieux et confortable.

D'aussi loin que René se souvienne, son père a toujours rêvé de remonter un jour le Saguenay avec son propre bateau. Natif du Lac Saint-Jean, je crois qu'il a toujours considéré le parcours comme une sorte d'accomplissement personnel, à l'image d'une vie peut-être, une façon de revenir dire à sa terre : "Hey, c'est moi. Regarde ce que je suis devenu. J'espère que tu es fière de ton fils..."

Aussi, quand cet hiver, René et moi avons commencé à dire que nous viendrions sur le Fleuve avec notre *Griserie* cet été, espérant nous rendre à Tadoussac, ça s'est passé vite vite vite dans sa tête. "Ouais ? Ben moi aussi d'abord !"

Ça m'a chicoté un temps. J'avais bêtement l'impression de me faire voler mon rêve. Ce n'est qu'en écrivant ces lignes que je me rends compte que nous avions plutôt mis les pieds dans le sien. Je n'avais encore jamais vu ça comme ça. Et je m'en veux d'avoir d'abord pris ça autrement.

À mon niveau, de compréhension du moins, je ne retenais qu'une chose : on allait avoir l'air de se faire escorter par lui, comme si on avait peur d'y aller seul. Ce qui allait donner raison à tous les fichus Goliath du dimanche ! D'un coup, ça diminuait notre défi. Euh, non. Ça diminuait plutôt "l'image" de notre défi. Et puisqu'en plus, nous nous préparions à tout cela depuis des mois déjà, nous savions bien des choses sur la navigation sur le Fleuve qu'il ignorait forcément. Bon. Il a suivi un cours de navigation côtière déjà. Il y a près de 20 ans. Mais vous m'avez vu aller avec mes beaux Atlas depuis Neuville ? Moi, madame "cent pour cent" à l'examen de navigation côtière de l'IMQ il y a à peine 4 semaines !

Alors mon petit orgueil personnel, qui était bien heureux d'épater la galerie en annonçant ce voyage "à un seul bateau !", se retrouvait tout à coup avec des allures de menteur peureux qui se serait demandé du renfort en cachette.

Mais dès que ces petits sursauts d'égoïsme passaient, j'arrivais ensuite aux mêmes réflexions que René : "Quant au bateau, ils sont mieux équipés que nous. Mais quant à la préparation et à la connaissance du plan d'eau, on peut leur être utiles." Ok, il s'était bien rendu à Berthier-sur-Mer sans nous (et sans dommage !) il y a deux ans. Sans même avoir la carte du parcours passé Québec. On se souvenait cependant d'une anecdote de pilotage à vue qui aurait bien pu mal tourner. On avait aussi en tête une ou deux balades où les réserves de carburant n'avaient pas été vérifiées avant le départ... Finalement, on avait juste en têtes les souvenirs d'un capitaine peu prévoyant et peut-être un peu trop sûr de lui. Le genre d'attitude susceptible d'être plutôt mal accueillie à l'embouchure du Saguenay.

Je dois avouer qu'il n'a jamais été clairement question que nous fassions le voyage ensemble. Il a bien été question à quelques reprises de possibles soupers communs, mais sans plus. Mais depuis qu'il a appris que son père irait aussi à Tadoussac cet été, soit depuis mai peut-être, René a entrepris de lui faire part de toute la préparation que l'on s'imposait pour ce voyage. Tant et si bien que le Ducky a un nouveau lecteur bi-data, un Atlas des marées et une impressionnante pile de cartes marines couvrant Québec à Tadoussac et hop ! jusqu'à Chicoutimi. On n'est jamais trop prudents !

À part ça, c'est vrai que l'équipage du Ducky n'a pas la même préparation que nous. Et après ! Nous avons choisi de nous préparer comme probablement moins de 10 % des plaisanciers le font lorsqu'ils abordent le Fleuve. C'est nous qui sommes hors-normes dans le fond. De plus, je dois avouer que beau-papa a un sens de l'observation assez peu commun, pas mal de jugement, et un calme, un "self-control" que je ne l'ai encore jamais vu perdre, même dans les pires situations. Si on ajoute à cela deux gros moteurs et un téléphone cellulaire... ils devraient faire un beau voyage ! Et nous serons bien heureux si nous réussissons à nous croiser quelque part. Et si c'était à Tadoussac... Ça serait pâmant !

Pour revenir, donc, à la vague du Cargo d'Hamilton, mes beaux-parents l'ont mangée en pleine gueule. Ils ont croisé le navire alors qu'ils se dirigeaient vers Batiscan. Lucien a bien remarqué que ce bateau semblait bien chargé et aussi qu'il allait peut-être un peu vite. Il s'en est éloigné du mieux qu'il a pu, mais souvenez-vous que le chenal est assez étroit là-bas. Aussi, quand il a coupé les vagues à 90 degrés, il a simplement eu le temps de crier à sa femme : "Huguette, accroche-toi et tiens bien toutou !". Il savait qu'il allait enfourner la deuxième crête de la vague. Elle a monté jusqu'au poste de pilotage du pont extérieur supérieur, les trempant généreusement pendant qu'elle se fracassait sur les moulures de pont à l'étrave du bateau, y arrachant quelques pièces de bois d'ailleurs. On allait reconnaître le même bateau coupable en se racontant nos histoires de la journée, tous ensembles, plus tard, au retour en auto, avec mon'oncle comme chauffeur et auditeur attentif.

Retour sur le *Griserie*. Poursuivant notre route, au Sud de l'île d'Orléans, on passe devant la municipalité de Saint-Laurent. Bucolique et attrayante à souhait. On aurait bien aimé faire un arrêt à son port de plaisance, le Club Nautique de Bacchus. Mais avec notre histoire de co-voiturage avec mon'oncle, qui part du fin-fond des montagnes de Saint-Philémon, côté Sud du Fleuve, ç'eut été un peu casse-cou. On se console en se disant qu'on tentera d'y faire escale sur la route de retour.

Il n'est toujours que 9 heures environ lorsque nous passons devant Saint-Michel de Bellechasse. Si je me fie à l'Atlas des courants, nous subissons un petit presque rien de courant de face, un nœud tout au plus.

Moi qui ai tant rêvé à cet instant, où, pour la première fois, les bras du Fleuve s'ouvrent en nous accueillant. Ce moment où les rives commencent à s'éloigner l'une de l'autre pour laisser mon regard se perdre dans le vide, droit devant... ben ça y'est. J'y suis. Enfin, presque.

Je prends le temps d'inspirer un grand coup, comme pour avaler le paysage. Mais je garde évidemment toujours un oeil sur la prochaine bouée, la bouée verte H131, dernière bouée que les navires marchands laissent à

117

tribord avant d'enfiler vers la Traverse du Nord. À partir de la H131, nous abandonnons la route balisée pour jouer du compas de relèvement et de la règle parallèle. Yeah ! J'ai hâte. J'ai tellement aimé ça dans notre cours de navigation (et j'étais tellement sûre de moi, bien assise au chaud dans le confort de la salle de classe...) que j'avais très hâte de mettre tout ça enfin en pratique.

Alors à l'approche de cette fameuse bouée marquant pour moi le début de la vraie aventure, je me précipite dans la cabine, plonge le nez dans la carte et ressors fièrement avec mon compas de relèvement, confiante de faire le point très facilement en relevant les positions des clochers des églises de Saint-Michel et de Saint-Vallier. Mais en levant le compas de relèvement à bout de bras, un doute m'assaille. Est-ce que je dois viser les deux yeux ouverts ? Ou juste le gauche ? Ou juste le droit ? Parce que ça change tout... Je me décide enfin et redescends prestement marquer mon relèvement sur la carte... ça ne fait aucun sens ! J'ai sûrement fait une erreur. Deuxième relevé. Je redescends en vitesse... Mais bon sens, je suis complètement pourrie ! Mon relèvement nous place à peu près dans le stationnement de l'église de Saint-Jean, sur l'Île d'Orléans ! Qu'est-ce que je fais de travers ? Est-ce que je suis juste trop excitée ou si je suis trop énervée ? Pendant que le temps passe, et que mon sourire innocent s'estompe lentement mais sûrement, René me demande de confirmer que son cap est bon.

-   "Euh... c'est que... j'sais pas où on est !"

- "Ben là ! Voyons Lucie ! On vient de passer la H131 et un clocher d'église nous regarde en plein par tribord. Ça ne doit pas être si compliqué que ça... Mon cap est de

75 degrés au compas. T'inquiète pas, j'suis sûr que j'ai juste à rester comme ça jusqu'à Berthier-sur-Mer."

Minute Capitaine. Je sais bien que nous ne sommes pas perdus. Je peux te donner notre position à environ 1 pouce près sur la carte. Mais 1 pouce sur la carte, c'est quasiment un mille ! Et si mon pouce nous place un mille trop au Nord ou un mille trop au Sud, ton cap nous amène soit en plein dans le récif de l'île Madame ou en plein dans la zone de remplissage. Les zones de remplissage sont le fruit de l'invention la plus plate que les responsables de la voie maritime ont pu trouver pour embêter les navigateurs. Sous prétexte de draguer le chenal principal, ils dompent, au beau milieu du chemin, de préférence en l'un des rares endroits où l'eau offre une profondeur acceptable, les restes de terres, roches ou sables ramassés au cours des opérations de dragage.

Celle qui s'annonce devant nous couvre une superficie de plus d'un demi mille de large sur 3 milles de long. Son identification sur la carte prévient les navigateurs que les profondeurs d'eau y sont non prévisibles et que, par prudence, on recommande d'imaginer le pire !

J'ai beau savoir "à peu près" où on est, je viens de comprendre que, dans la vraie vie, ce n'est pas suffisant. Moins 30 points au premier exercice pratique ! Je me dois donc de réussir à relever notre position de façon cohérente... sans l'aide de *Garoù*. Évidemment, ça fait bien déjà 10 minutes que René m'invite à le faire mais moi, toquée, je résiste. Je sens le besoin de me prouver que je saurais me débrouiller par moi-même. On voit très bien déjà le Rocher Pointu de l'Île de Bellechasse. Pourrant, tant que je ne connais pas précisément notre position, je ne peux confirmer à René si le cap qu'il tient nous permettra de "clairer" la zone de remplissage tout en passant à au moins 0,25 mille au Nord de l'Île de Bellechasse, tel que le recommande tous les guides nautiques. Ce rocher ne semble pas avoir la réputation de faire beaucoup de cadeaux aux plaisanciers imprudents. Et mes relèvements qui continuent de ne m'être d'aucune utilité... Je réaliserai, d'ici quelques jours, que je n'étais tout simplement foutue d'aligner la ligne de repère rouge avec le viseur. *Amator*!!!

Quelques rencontres prochaines avec les gens du coin nous apprendront que cette zone de remplissage n'est pas une menace pour les plaisanciers. Mais tous s'empresseront aussi d'ajouter qu'il ne faut pas s'y fier parce que "dans les autres zones indiquées sur les cartes, il n'y a vraiment pas beaucoup d'eau". Bon. Dans le doute, mieux vaut se méfier de toutes !

Enfin. Ma première rencontre avec la vraie vie m'a donc sérieusement prise par surprise. Mon inquiétude a fini par exaspérer René qui n'en revenait juste pas de me voir aussi désemparée. Mes pauvres yeux, qui semblaient tout à coup totalement inaptes à voir en trois dimensions, n'étaient pas foutus de distinguer laquelle des îles devant nous était la plus grosse, ni la plus proche. Le Fleuve Saint-Laurent en trois dimensions, aucune carte ne sait l'exprimer. Voilà venue l'heure d'avoir un peu d'instinct. Ou de l'espérer du moins.

À mon grand désespoir, et avec un lourd sentiment d'échec dans le ventre, j'ai fini par demander secours à *Garoù*. En moins de deux, notre petit compagnon m'a donnée notre position précise, à quelques mètres près. J'ai enfin pu confirmer le cap à suivre à René. Mais je suis fâchée contre moi. Pas fière.

L'Île de Bellechasse est bien mignonne, comme maintenant, presque à marée haute. Elle ne laisse pas présager, à la voir, que ses rochers s'étalent tout autour d'elle, en son Sud surtout. Le passage semble pourtant tentant. Il avait d'ailleurs bien failli recueillir le Ducky il y a deux ans, mais des plaisanciers du coin avaient lancé un appel radio pour prévenir beau-papa de vite faire demi-tour pour passer au Nord de l'Île. L'opération "prévention" avait épargné tout le monde d'une opération "sauvetage". Le calcul vaut le travail !

Depuis la dernière heure, le vent s'est mis à souffler sérieusement sur nous, de l'Ouest. On avait ouvert le génois depuis un petit bout. Juste de quoi prendre quelques images de l'Île d'Orléans et du large, de par-dessous la bordure.

Avec le courant de marée qui nous remonte dans le nez depuis déjà un moment, la vague a commencé à se soulever. Tant qu'on la coupe de face et qu'on avance avec le vent dans le dos, on la sait, mais on en souffre peu. Au moment de virer tribord pour nous engager dans le chenal d'accès à la Marina, le bateau se fait ballotter comme un vulgaire bouchon de liège. Penche à bâbord à cause du fardage, ramasse la vague par le travers tribord, ce qui nous fait nous bercer solidement jusqu'à l'entrée de la Marina. Dans le journal de bord, j'ai écrit qu'on y entre "y'en qu'sur une gosse !" Pas élégant pour deux sous mais oh ! combien éloquent !

À bout de souffle, presque comme si j'avait nagé les 5 derniers milles, j'appelle la Marina de Berthier-sur-Mer pour annoncer notre arrivée et demander un quai pour y accoster notre bon vieux *Griserie* jusqu'à la semaine prochaine. Un peu ébranlés sans doute par la valse de la dernière heure, on a mal évalué le vent réel. On va s'accoter dans le quai. Ouch ! Première marque de vie sur le flan de *Griserie*. Je dois avouer que nos défenses ne sont pas toutes adéquates. Des défenses de touristes finalement. "Pathétiques" dit René.

Amarrés à la Marina de Berthier-sur-Mer à 10h15. Mission accomplie. Nous avons franchi environ 25 milles nautiques en 3h15 pour une vitesse moyenne sur le fond d'approximativement 8 nœuds. Si nous considérons que nous avons heurté la renverse du courant de la marée aux alentours de la Pointe Saint-Michel, soit une heure avant notre arrivée, nous pouvons supposer avoir effectivement atteint des pointes à près de 12 nœuds sur le fond, comme j'avais cru le comprendre en passant la Pointe de Lévy. Quand-même. Peux pas toujours me tromper !

Nous avions donc établi notre plan de route avec assez de précision. Malgré tout. D'autant plus que le temps se gâte franchement depuis notre arrivée. Une fois le bateau bien amarré on est montés sur la jetée regarder d'où on venait. À peine une heure après en être sortis, ça ne serait déjà plus le temps d'être là. Je m'accorde 9 sur 10 pour la planification. Mais toujours 0 sur 10 quant au relèvement de notre position. Très peu satisfaisant. Et certainement insuffisant. Bon. Maintenant que j'ai compris que... je n'avais rien compris, je ferai sans doute déjà moins pire la prochaine fois. Simple leçon d'humilité face à la Grandeur finalement. Qui laisse des vapeurs de respect dans la tête...

25 milles nautiques au loch du jour pour 200 depuis notre départ dit *Bidoune*. Total d'heures au moteur depuis Oka : 28h30. Mais on est rendus.

Et on est contents. Aussitôt, on appelle tout le monde. Allô maman ! Allô papa ! Allô Monique ! Allô Alain ! Le Ducky, quant à lui, s'est arrêté à Batiscan. Mon'oncle va venir nous chercher vers 14 heures. Et on se met à prendre des photos en fous. On grimpe vite sur la jetée. Prend plein de photos. *Griserie* vu d'en haut. *Griserie* vu d'en avant. *Griserie* vu d'en arrière. Les gens qui nous voient avec cet air débile doivent se demander comment on a fait pour se rendre jusqu'ici. En ce moment, on dirait pas qu'on a ce qu'il faut dans la tête pour y arriver...

On revient à bord. Le taux d'adrénaline commence à revenir à la normale. On s'ouvre une petite bière et on se bricole un lunch. Instant paisible. Le calme après la tempê... ben non ! Elle n'y est pas encore ! À preuve, notre voisin de quai qui se prépare à appareiller sur son tout petit voilier. Les yeux de ce capitaine , façonnés (et illuminés !) par le vent, se plissent un peu lorsqu'il essaie de deviner la marque de notre bateau. Comme tous les autres, passés et à venir, il ne connaît pas. Jamais vu un bateau comme ça. "Aussi costaud, aussi logeable, moteur in-bord, barre à roue... et sur un 23 pieds ? Jamais vu ça !" . Et ça a l'air de le chicoter. C'est qu'il a l'air d'avoir passé sa vie sur un voilier cet homme-là. Et nous, les jeunots venus de loin, on a l'air de l'intriguer.

Alors on se met à jaser. Nous, de la route qui nous attend. Lui, de la beauté de sa région, de ses îles, de son Fleuve ici, à Berthier-sur-Mer. Et il nous ouvre un peu de son expérience, modestement, presque timidement. On se rend compte qu'on n'a pas affaire à n'importe qui lorsqu'il nous raconte qu'il a passé sa vie à faire de la voile ici, à travers les îles de l'archipel de l'Isle-aux-

Grues. Et qu'il a eu plusieurs bateaux. Bien plus grand que ce modeste dériveur de quelque 16 ou 18 pieds qu'il a conçu et construit lui même, avec sas... Et on se rend compte qu'on n'a pas affaire à n'importe qui lorsqu'il nous montre la carte que son frère a fait produire avec l'aide de la famille Lachance. On se rend compte alors que les eaux du Fleuve, ici, devant Berthier-sur-Mer, bercent depuis plusieurs décennies ces passionnés que sont leurs deux familles. Et quand plus tard, on se rendra compte qu'on parle de lui de Neuville à Cap-à-l'Aigle quant on parle de Berthier-sur-Mer, on comprendra qu'on a profité d'une courte mais précieuse leçon de navigation en compagnie de cet homme. On ne sait toujours pas qui il est, ni qui il a été. Mais, il y a des gens comme ça qui sont un privilège à rencontrer. Pour nous, le souvenir de ce petit homme aux cheveux blancs, quittant le quai dans ce qui était pour nous un vent de tempête, nous fascinera encore longtemps.

Il est tout près de 14 heures. Le ménage presse. Mon'oncle arrive sur la jetée. Avant le prochain départ, il nous faudra faire le plein de diesel, serrer le presse-étoupe du nouvel arbre d'hélice et vérifier les câbles de la barre à roue.

Salut *Griserie*. Dors bien. On revient vendredi passer deux semaines avec toi.

* * *

À l'arrivée à la maison, on est fiers d'annoncer à nos gentils voisins que le *Griserie* est rendu à Berthier-sur-Mer. Ils ont l'air aussi contents que nous. Ils suivaient la météo d'ici et savaient que les conditions ne nous étaient pas favorables.

Dès lundi soir, étonnés d'avoir une soirée de congé, sans bateau à astiquer, on se dépêche d'aller... prendre une marche à la Marina d'Oka. Rêvassant à notre bateau en regardant ceux des autres. Tant pis pour la vanité, même si c'est péché, mais j'éprouve un étrange sentiment en songeant à la coque de notre bateau qui a le privilège d'être en train d'être bercée par les marées d'eau salée. Et j'en suis plus fière qu'un paon !

Plus que quelques jours avant le vrai début de nos vacances. Le bateau nous attend là-bas. Notre semaine de travail s'égraine rapidement à travers les derniers préparatifs.

Tout va pas mal vite. Je n'ai pas beaucoup de temps pour écrire. Je me reprendrai la semaine prochaine. Je n'aurai que ça à faire.

En attendant, puisque je pars tout de même pour deux semaines, le bureau doit survivre. Je traficote donc une équipe virtuelle de complices pour parer au plus important. Ça devrait aller.

Il reste quelques achats à faire. René n'a pas deux secondes à consacrer aux derniers préparatifs. La semaine précédent les vacances de la construction, pour une entreprise du domaine de la construction, ne se passe pas à un rythme très zen ! Il arrive à la maison tard et dépeigné. Il lui reste juste assez d'énergie pour se moquer un peu de moi, amusé devant mes listes de choses à faire et à apporter, même si elles se multiplient de jour en jour au lieu de diminuer. Ce n'est pas pour rien que j'écris tout ce récit. Je suis une Miss Papier. L'avantage, tout de même, c'est que d'une liste à l'autre et d'un post-it à l'autre, je ne devrais pas oublier grand' chose !

Derniers achats. J'attends toujours nos imperméables mustangs. Pas de chance. Les stocks québécois sont épuisés... Boulet Lemelin les recevra autour du... 1er août, soit le jour suivant la fin de nos vacances. Super pratique !

Visite à la boutique de la Marina d'Oka. Deux autres grosses défenses pour sauver l'orgueil de mon Capitaine, qui ne veut plus voir la face de nos vieilles pendrioches pathétiques. Et surtout, une armada de chaînes pour sauver la vie de la fille qui a peur des orages. Et qui sait, peut-être celle du *Griserie* aussi !

J'ai beau être certaine de mon histoire de foudre prête à nous tomber dessus, j'ai un peu peur d'être ridicule en la racontant. Mais les commentaires qu'elle suscite me rassurent : "Hein ? Mais vous l'avez échappé belle !" Ça vaut bien un bon 15 pieds de chaîne ça non ?

"Les plus grosses mailles possibles, Marie. Des mailles d'un demi-pouce de diamètre si ça s'peut. Plus deux méga-manilles pour accrocher ça aux haubans !"

Avec ça, si la foudre nous passe dessus, elle sera déviée, depuis le haut du mât vers les haubans auxquels j'aurai pris soin de fixer un bout de chaque chaîne. L'autre extrémité traînera dans l'eau. Faute d'avoir un paratonnerre intégré à la structure même du bateau, ce système demeure le meilleur compromis. L'idéal serait même de suspendre non pas 2 mais 4 chaînes. Les 3e et 4e seraient alors accrochées à l'étai et au pataras. Mais une au hauban bâbord et l'autre à tribord peuvent aussi faire l'affaire. On sera peut-être juste un peu plus frisés si jamais ça tombe !

Évidemment, un bateau traînant des chaînes manque peut-être un peu de poésie, j'en conviens. Mais, si vous saviez ce que j'ai déjà fait...

Ça faisait peut-être 3 ans qu'on faisait de la voile. Après en avoir appris les rudiments sur l'Amerigo (notre premier bateau, un Edel 20 pieds), nous en étions, je crois, à notre première saison avec le *Griserie*. On avait décidé d'aller faire un tour du côté de Montebello pendant les vacances. Cette fois encore, notre navire n'avait pas de paratonnerre. Notre tout premier cours de navigation de plaisance, suivi à l'IMQ l'année précédente, m'avait été l'occasion d'apprendre un truc d'urgence pour parer à la foudre pour un voilier sans paratonnerre. Il suffisait de pendre de bons vieux "câbles à booster" aux haubans du bateau. Imaginer la suite.

J'ai acheté deux câbles tout neufs, des "robustes et puissants" bien sûr. Ils étaient de couleur bleu royal et rouge. Tout pour être discrets.

Naturellement, comme si on attirait le trouble à force de l'attendre, on s'était tapés 4 journées de mauvais temps (sur 5), sous la pluie et les orages. Et une nuit (en fait, il était peut-être à peine minuit et tout Montebello était encore en plein party même si nous on dormait déjà), voilà que l'orage s'abat sur l'élégante Marina du

Château Montebello. Et moi, oh ! marâtre ! j'ai forcé mon prince à aller accrocher mes câbles à booster de camion au haubanage de son joli voilier. Je me demande parfois s'il m'en veut encore...

Tout ça pour dire que, paratonnerre de fortune pour paratonnerre de fortune, j'aime mieux que mon bateau est l'air d'une Harley Davidson que d'une voiture en panne !!! Alors, vivement les chaînes ! J'ai quasiment hâte de les essayer (ben non ; je déconne).

Pas de nouvelles de Tadoussac. Notre dernier courriel à Anthony est demeuré sans réponse. Encore une fois, on se répète qu'on fait ce voyage là pour nous. Même si le comité d'accueil ne nous attend pas là-bas, on sera drôlement contents si jamais on se rend.

Lyne et François préparent leurs vacances. Lyne est la sœur de René, François mon frère. Il semble bien que notre enthousiasme pour Tadoussac les ait gagnés. Ils seront tous en vacances en même temps que nous (comme ma foi 80 % des québécois si ça s'peut !) et ils aimeraient bien venir nous retrouver pendant notre voyage. Ils ont évidemment tous deux parlé de Tadoussac. Fidèles à nous-mêmes, nous ne promettons rien à personne. Ils ont beau nous demander où et quand ils pourraient nous rejoindre, tout ce que nous savons, c'est que nous n'en savons rien. Notre seul horaire doit être celui que nous imposera le Fleuve. Nous nous sommes fait ce serment depuis le départ, nous n'allons pas tout compromettre maintenant. Mais ils seront dans les parages, nous le savons bien. Et ils ont tous notre numéro de téléphone cellulaire. On devrait réussir à se croiser, quelque temps, quelque part. Je crois aux beaux hasards. L'inattendu de leurs présences les rendra d'autant plus précieuses.

Dernière chance d'étudier cartes et courants, au chaud, au sec. On avait rapporté *Garoù* pour y programmer quelques routes, mais tout dépend tellement du temps. Et des rencontres que nous ferons. De toutes façons, on est beaucoup trop excités pour jouer à ça : la concentration n'y serait pas du tout ! Alors, on ne met rien dans *Garoù*. Je pense qu'on est prêts. Dans le bagage, certainement. Dans nos têtes, de plus en plus sûrement.

Dernier bonjour à Marie, mon "pusher" d'équipements préférée. Quant au bureau, ça roulera. Je sais que je n'y penserai même pas. On embarque quelques lectures de plus. De la musique aussi. Après la bouffe, les vêtements chauds sont entassés dans les bacs de plastique que nous dédions au transport. Des réserves de piles, pour *Garoù* et pour la musique. Des chandelles. Une chaufferette électrique, au cas où. Un vinier, c'est plus pratique. Finalement, mes cadeaux d'anniversaire que je reçois aujourd'hui plutôt que demain puisque nous serons partis. *Garoù*, bien sûr, offert par maman et papa et qui a été étrenné avant son heure. Quant aux bouteilles de vin offertes par François et compagnie, elles ne seront bues que pour souligner des instants mémorables. En cours de route, évidemment.

Ça y'est. Samedi matin. On dépose Rocky chez sa gardienne. Salut toutou. Bisous. On t'aime. Mais fais-nous confiance, tu préfères rester ici.

Numéro de cellulaire donné à papa, maman. J'appellerai peut-être, mais surtout peut-être pas. Avec mon esprit de contradiction, j'évite de promettre des choses pareilles. Ça limite les déceptions... et les inquiétudes inutiles.

On a pris notre véhicule cette fois-ci. Pas envie de dépendre de mon'oncle pour le retour (pour tout dire, je pense que mon'oncle commençait à pas mal avoir son voyage de jouer au chauffeur) ! On laissera ma camionnette à Berthier-sur-Mer pendant nos deux semaines. Ça simplifiera le retour.

Dernier bye bye. Enfin. Après 6 mois de préparation. Et de rêves. Là, ça y'est. On est partis. Marins d'eau douce en vacances.

Troisième partie

Et vive les vacances !

Chapitre 10

Samedi, 15 juillet. Jour de mon anniversaire. Mon cœur bat plus vite lorsqu'on traverse le Pont Pierre-Laporte. Et il bat encore plus vite lorsqu'en quittant l'autoroute on commence à apercevoir l'eau, la Grande, là où notre *Griserie* nous attend sagement depuis la semaine dernière.

Dès l'arrivée, en stationnant l'auto, on a le cou tout étiré. Et enfin on le voit. Wow. Comme il est beau. Si petit mais si fier parmi les grands. Sa couleur marine lui donne l'allure d'un vieux voilier classique. Qu'on aime déjà de plus en plus... On débarque de l'auto le beaucoup-trop-plein-de-stock qu'on a l'air d'avoir. On dirait que tout ne pourra pas entrer dans le bateau. Et pourtant...

Il est 13 heures. Aujourd'hui, le temps est particulièrement moche. Gris, pluvieux et rachevé par un vent d'Est qui souffle bien à 15 ou 20 nœuds. Pas question de bouger d'ici pour aujourd'hui. On profite cependant d'une journée parfaite pour placer tout ce qu'on a apporté de bagages et de bouffe et réemménager les lieux pour deux semaines d'occupation permanente.

Chaque chose a sa place et le tout est vite rangé. Les vêtements chauds, qui doivent absolument rester secs, prendront place dans des poches de plastique. Une pour René, une pour moi. Pas d'excuse pour chercher ses morceaux dans les affaires de l'autre ! Les vêtements plus légers sont placés dans les coffres, sous le lit. Les ouvrages et outils de navigation rejoignent les autres dans la bibliothèque.

Ranger la bouffe est un plus grand défi. Oh ! Pour rentrer, ça rentre. Mais, y'en a partout ! On a une glacière thermos et une glacière électrique qu'on branche lorsqu'on s'arrête à quai ou qu'on peut brancher à l'allume-cigarettes pendant que le moteur roule. Le frigo original du bateau, qui demande qu'on l'alimente régulièrement de glace fraîche, a changé de vocation pour tenir le rôle de garde-manger. Les bouteilles de vin et les cannages sont placés dans un coffre sous le banc de la table. Les chaudrons s'entassent tant bien que mal sous l'autre banc. Une seule erreur de rangement et on se cherche en sacrant pendant dix minutes. Surtout quand ça presse. Mieux vaut prévenir.

M'enfin. Ce sont de beaux problèmes tout de même, j'en conviens. Alors, on procède au rangement de tout ça en nageant en pleine euphorie.

On a déjà le cœur en vacances. Debout sur le rouf du bateau, à marée haute, on voit par-dessus la jetée de la Marina. En levant les yeux, on voit Saint-François, cette municipalité de l'Île d'Orléans qui couvre toute la pointe Est de l'île. Saint-François revendique aussi la possession de l'Île aux Ruaux et de l'Île Madame, plantées juste ici, face à Berthier-sur-Mer. Le piège dans le coin est de se laisser tenter à traverser vers la rive Nord en piquant en ligne droite à travers ces îles. Erreur. Au zéro des cartes, c'est-à-dire lors de la marée basse des grandes marées, les îles sont presque reliées entre elles par une bande de sable qui arrive à fleur d'eau. Les improvisations n'ont pas grand chance de succès par ici.

Ça me ramène à la réalité. Je rentre fouiner dans cartes et atlas pour commencer à prévoir notre demain. On s'est procurés la carte de l'Archipel de l'Isle-aux-Grues dont on avait entendu parler par notre voisin de quai à Batiscan. C'est le frère de Marcel qui l'a fait faire, avec l'aide des Lachance. On partage maintenant les secrets des Dieux !

Notre table, qui devient poste de navigation officiel en dehors des heures de repas, offre un coup d'œil des plus agréables. J'ai drôlement bien réussi la conception de ma fameuse bibliothèque de bord. Non seulement rassemble-t-elle tout notre attirail de navigation, mais elle est jolie en plus ! Quant à l'ambiance qui y règne, on a pris soin de s'ajouter quelques éléments inspirants autour de nous. Mon cadre du Belem, ramené directement de la Méditerranée par Jocelyna il y a quelques semaines, trône en roi prétentieux sur le mur devant moi tandis qu'au-dessus de ma tête repose le souvenir de nos quelques jours de navigation guadeloupéenne de janvier dernier, cet événement si précieux qui a tout déclenché.

Tout en vérifiant les heures de marées pour demain on écoute aussi la météo. Oups. Demain, encore les vents d'Est, mais faibles tôt le matin et forcissant jusqu'à 10 ou 15 nœuds en fin d'avant-midi. Le vent à l'envers du courant descendant... le genre de conditions que l'on souhaitait éviter. Bon. Heureusement, l'heure de notre marée favorable joue dans le bon sens. Pour descendre jusqu'à Saint-Jean-Port-Joli, environ 25 milles plus bas, nous voulons sortir de Berthier-sur-Mer à peu près au moment du début de la renverse du courant. Sur cette route, le chenal subit des pointes allant jusqu'à 4 nœuds au plus fort du baissant. Le courant nous aidant, nous devrions progresser à environ 6 nœuds de moyenne (et c'est extrêmement conservateur) ce qui nous amènerait à destination aux alentours de 9h30 si on part vers 5h30. J'estime que le Foutu vent d'Est nous grugera au moins 1 ou 2 nœuds. Notre principale contrainte tiendra à notre heure précise d'entrée dans le chenal d'accès de la Marina de Saint-Jean-Port-Joli. Il n'y a pas d'eau dans la Marina depuis deux heures avant, jusqu'à deux heures après la basse mer, en cet endroit. Et, par "pas d'eau", je ne veux pas dire "pas beaucoup d'eau". Je veux bien dire "pas d'eau pantoute". Apparemment, les bateaux reposent carrément dans la vase à marée basse. Mais pour ceux qui veulent épargner la chose à leur bateau, mieux vaut choisir autre chose que le Fleuve ! À partir d'ici, il reste bien peu de ports de plaisance accessibles (et mouillés !) en tout temps. En ce qui nous concerne, il faut donc être à quai à Saint-Jean-Port-Joli à 10h25, gros max. Sinon... il nous faudra faire des ronds devant la Marina, ou pire, ancrer dans 3 à 4 nœuds de courants, jusqu'au retour de l'eau dans la place, quatre heures plus tard ! On devra donc essayer de clencher pour y rentrer à temps.

D'ici là, c'est encore samedi. Il nous reste quelques fignolages à faire pour demain. Plein de diesel, et re-plein du bidon de secours. René répare la pompe à pied avec le nouveau kit de pièces qu'on a fini par dénicher. Et cette fois-ci est enfin la bonne. Ça tient !

On tente d'embarquer le dinghy par tous les moyens. Mais il n'y a aucun moyen de le faire tenir dans les airs, lui, si lourd, sur un bateau si petit, sans arche pour l'y soulever. Quant à le traîner à l'arrière, ce n'est pas une option envisageable sur le Fleuve. En plus de nous faire perdre un nœud par beau temps, à cause de la résistance qu'il opposerait au mouvement du bateau, il se remplirait d'eau en un clin d'œil en cas de vagues importantes. Et ici, ça arrive. Il n'y a pas meilleur moyen de couler une annexe. Alors, on accepte de s'en passer. En fait, on n'a juste pas le choix.

On trace ensuite notre route pour demain et on fixe tout ça dans la mémoire de *Garoù*. Restera plus qu'à partir et peser sur le bon piton ! Comme ça, si jamais j'enligne le compas de relèvement de travers en cours de route, je le saurai tout de suite. Ensuite... on s'offre un après-midi de détente en observant les départs et les arrivées du bateau de croisières de la Famille Lachance qui trimballe ses hordes de visiteurs à Grosse-Île et au cœur de l'archipel de l'Isle-aux-Grues.

En allant à l'épicerie, René entre dans une petite boutique de vêtements et bijoux d'importation. Le proprio accueille René en remarquant ses yeux bleus (très bleus). Il se pensait seul au monde avec des yeux comme ça et se rend compte tout à coup qu'ils sont deux. À ce que j'en ai compris, il y avait un ange à ce moment dans la boutique avec eux. René est revenu de là presque hypnotisé, m'offrant avec émotion la plus jolie chemisette brodée au monde. Et ce collier, fabriqué des mains mêmes de ce grand voyageur blond aux yeux de ciel. Ils ont eu une conversation intense, bien que courte, sur les voyages, les attaches, la mer, le monde... René a certainement ressenti cette rencontre comme un message, un signe qu'il était sur la bonne voie. J'ai eu envie d'aller rencontrer aussi ce mystérieux messager mais j'ai préféré croire que cette rencontre presque sacrée méritait mieux qu'être diluée par une reprise forcée.

De toutes façons, l'ange m'avait aussi fait un cadeau. Il avait remis à René une drôle de petite coccinelle avec des brillants, plantée dans une boîte en forme de noix de grenoble. La coccinelle gigote quand on brasse la boîte. C'était de sa part, pour ma fête. Qui osera, après ça, ne pas croire aux miracles ?

* * *

Dimanche, 16 juillet. Position : 46 56'18"N 070 44'24"W. Faux départ. Le cadran sonne à 5 heures. On décolle du quai à 5h30, comme prévu. Par un petit matin magnifique, dans un lever de soleil qui rosit le ciel en entier. Il n'y a pas une once de vent. Tout semble s'annoncer comme nous l'attendions.

Tout, sauf l'échappement qui a l'air de faire un drôle de bruit dès l'instant où l'on sort du chenal de la marina. Et la boucane aussi, qui se met à sortir de là aussitôt qu'on arrive à peu près au large. On suppose que ça va ralentir. René baisse le régime du moteur. Rien n'y fait. Le *Griserie* crache un trop important nuage de boucane noire. On dirait que le feu est pris ! René coupe le moteur pendant que j'ouvre les voiles. Dans ce secteur, nous devons à tous prix rester au moins un peu manœuvrables : il y a des bancs de sables un peu partout par ici. Je fais ma brave mais ça me force de plus en plus. Mon pilote automatique commence à crisser des dents. Qu'est-ce que je fais ? Je crie ou je pleure ? Ni l'un ni l'autre. J'essaie juste d'être calme et utile à mon Capitaine. Comme, côté moteur, je peux difficilement servir à quoi que ce soit, la moindre des choses que je puisse faire est de rester calme. Je prends donc la barre et m'occupe du bateau pendant que René s'élance tête première dans la chambre des moteurs. Bonne nouvelle : pas de feu. Mais quelle est donc toute cette fumée alors ?

Rien à faire. Après deux nouveaux tests de moteur, en espérant qu'un miracle ait tout réglé tout seul, le nuage de fumée nous colle au cul. On ne sait pas encore ce que c'est mais on sait que ça n'est pas normal. Et que ça regarde drôlement mal. Demi-tour en catastrophe. On laisse le joli ciel rose derrière nous et on revient penauds et inquiets au quai de la marina qu'on vient à peine de quitter. Il est 06h40.

Réparation requise. Après inspection, une seule hypothèse plausible : l'angle du tuyau d'échappement n'est pas assez prononcé et l'eau du Fleuve y entre au lieu de laisser sortir les vapeurs de combustion du moteur. Tout ce beau monde s'étouffe ensemble dans le silencieux, ce qui provoque la fumée, les bruits insolites et les crachats huileux qui arrosent le tout. Ça avait pourtant été solidement fixé avant le départ mais le nouveau tuyau d'échappement, très raide, a peut-être hypothéqué la pente. Et les quelques 30 heures de vibrations dues au roulement du moteur ont probablement eu raison des meilleures précautions de mon Capitaine-mécanicien.

René espère encore partir ce matin. Mais il faut d'abord enlever le silencieux, l'inspecter, le rincer, le nettoyer et réarranger tout ça en corrigeant l'angle de sortie. Il s'élance tête première sur la couchette tombeau qui donne accès au moteur et attaque le bobo à pleine vitesse. Pendant ce temps-là, je m'inquiète un peu. En supposant qu'il ait vraiment identifié la source du problème et qu'il corrige la situation en 10 minutes, il sera tout de même déjà 7 heures. La mer sera déjà au baissant, ce qui, je l'admets, la rendrait pourtant encore plus favorable. Sauf que déjà, le Foutu vent d'Est se confirme. Il a tenu sa promesse l'animal. Il nous grugera encore plus de nœuds, encore plus vite que prévu. Au fur et à mesure que ce Foutu vent d'Est forcit, Saint-Jean-Port-Joli s'éloigne...

René ressort la tête du moteur avec la face en grimace. Je vois qu'il s'est coupé un doigt et qu'il saigne un peu. Mais pas de quoi le faire souffrir à ce point. Il m'annonce sans sourire que tout est réglé. Mais il se tient un oeil en reniflant. Après quelques questions impatientes de ma part (qui vient de passer 15 minutes à espérer ne pas repartir aujourd'hui alors que lui s'empressait de tout réparer pour re-quitter au plus sacrant), je comprends enfin qu'il s'est vraiment fait mal à l'œil. Il me dit qu'une petite broche lui a revolé dans l'œil. Et que ça lui fait vraiment mal.

Évidemment, ça m'inquiète et ça met un terme, dans ma tête, à notre journée de navigation. Mais pas pour lui ! J'ai une crème ophtalmologique dans la trousse médicale. Il s'en met un peu dans l'œil, enfile ses lunettes soleil pour limiter la brûlure du vent dans son oeil magané et hop ! on largue les amarres pour une deuxième fois le même jour. L'incident n'est même pas noté au journal de bord. À ce moment...

Test de moteur à quai avant le départ : l'échappement crache l'eau aux 3 secondes. Sans fumée. Ça a l'air OK. On part. Il est finalement 8h30.

À peine sortis du chenal, on se prend le chr... de vent d'Est en pleine gueule. On s'enligne sur 25 milles de route avec le plus fort du courant dans le cul et le plus fort du vent dans le nez. En d'autres mots, le plus fort des emmerdements sous la coque. Avec mon Capitaine-à-l'œil-qui-pleure qui s'essouffle de douleur. Et ce vent qui forcit de minute en minute. On se fait ballotter vulgairement dans de la vague haute et courte. Saloperie. Ça tape. Ça cogne. Ça fait mal au gréement, au ventre de la fille, à l'œil du gars... pis ça n'avance pas. Au bout de 45 minutes à peine, je retourne aux cartes pour révision des estimations. On roule à 4 nœuds, selon l'optimiste *Bidoune*. À ce rythme, qui ne peut que diminuer dans ce vent qui forcit toujours, on en a pour 8 heures, au minimum, pour rallier Saint-Jean-Port-Joli. Et on frappera le flot sur les 3 dernières heures, qui risqueront de s'étirer en longueur elles aussi puisqu'on n'avancera plus qu'à 1 nœud. Et on reculera devant la Roche à Veillon. Oublie-ça. Re-demi-tour. Avant de faire part de mes conclusions à René, je prends tout de même le temps de me demander si je n'exagèrerais pas un tout petit peu. Je sors la tête à l'extérieur. René me le confirme : le vent a déjà remonté d'un cran et *Bidoune* confesse maintenant un misérable 2,8 nœuds. 0 en 2.

Cette journée sera la pire de toutes les vacances. On revient au quai. Encore. Mais cette fois on est enragés. Frustrés. Fatigués. Moi un peu tremblante, parce qu'on s'est fait brasser le cul une affaire pas permise en rentrant, avec un bon 30 nœuds de vent aux trousses et en attaquant le plus fort du jusant à rebrousse-poil !

Quant à lui, René est de plus en plus souffrant. Son oeil, c'est du sérieux.

Total moteur du jour : à peu près 3 heures. Distance parcourue : peut-être 12 milles ? Mais en rond. Mon Capitaine me demande d'arracher la page d'aujourd'hui dans le journal de bord.

Dès qu'on est bien amarrés, René entre dans le bateau et s'effondre sur la couchette, l'œil en feu. Ça le grafigne et le brûle à chaque fois qu'il a l'œil fermé ou qu'il cligne des yeux. J'ignore combien de fois par heure on cligne des yeux mais à le regarder, je soupçonne que le petit muscle de nos paupières soit un roi de l'endurance. Blagues à part, je ne ris pas du tout en ce moment. Me semble que ça regarde mal (pour un oeil, c'est vraiment approprié comme expression, non ?).

Tout ça pour dire que la crème ophtalmique ne le soulage pas du tout. Et en plus de son mal, il est évidemment déçu de ne pas avoir réussi à se rendre à Saint-Jean-Port-Joli. Qu'à cela ne tienne mon minou, on y va !

Oui, on y va. Mais en auto cette fois ! Tant qu'à rester collés à Berthier-sur-Mer, dans ce vent et ce crachin incessant, autant aller jouer aux touristes ordinaires pour le reste de l'après-midi. Je prends donc le volant pendant que René voit de moins en moins. Direction, la pharmacie de Montmagny, quelques kilomètres plus bas. Je raconte l'histoire au pharmacien qui me recommande une petite crème. Retour à l'auto. Test de la nouvelle crème : effet zéro. Ça a l'air encore pire qu'avant. Je finis donc par prétexter une visite à la Marina de Saint-Jean-Port-Joli pour filer directement au CLSC de l'endroit. De plus en plus inquiétant : René ne rouspète même pas. Il est d'accord. C'est encore plus grave que je pensais...

Finalement, on a eu la chance de tomber sur un doc' qui connaissait drôlement la chose et dans un centre super-équipé pour l'ophtalmologie. L'examen révèle une sérieuse égratignure sur son oeil mais aucun dégât irréparable. Seul le temps viendra à bout de la douleur et de la guérison.

On sort de là rassurés et un peu moins souffrant, dans le cas de René, puisque les gouttes nécessaires à l'examen ont gelé son oeil, et engourdi la douleur. Savoir que ça se vendrait au litre ces gouttes-là...

On en profite pour aller voir la Marina de Saint-Jean-Port-Joli pour vrai. Hmmm. Il fait hyper froid. Le Foutu vent d'Est nous rafale en pleine gueule et la mer a quitté la Marina. Dans le contexte de notre journée, ça confère une ambiance sinistre à l'endroit. À cette heure, les bateaux sont calés dans la vase. Par curiosité, on s'informe à la Capitainerie : aujourd'hui, nous n'aurions pas pu entrer ici passé 10 heures. Ça veut dire qu'au mieux, on serait arrivés trop tard quand-même et on aurait été pris pour mouiller dans 4 nœuds de flot, plus la poussée de 30 nœuds de mon Foutu vent d'Est, pendant 5 heures. Ou pire, faire des ronds dans ce fatras. Ouf. Devrais-je croire que nous avons presque été chanceux finalement ?

Il faut y croire en tous cas. Quand on revient au bateau et que René s'endort enfin, assommé par quelque cocktail d'analgésiques trouvés à bord, j'essaie de croire très fort que ça ira mieux demain.

Je m'installe au cockpit, un livre à la main. J'avais un beau choix. *La longue route* de Bernard Moitessier, commencée et que j'ai bien l'intention de terminer pendant notre voyage ; les autres Moitessier aussi ; *Le creux de la vague* de Stevenson et *Une victoire* de Joseph Conrad ; des poèmes de Nelligan ; *L'art du bonheur* du Dalaï-Lama ; *Les rêveries du promeneur solitaire* de Rousseau ; le livre de météo, mon calepin de notes sur les baleines, plein de guides touristiques régionaux ; des revues de voiles ; encore des revues de voiles ; mon manuscrit... Je sors avec le premier de ceux-là qui me tombe sous la main. Ça n'a pas d'importance. Je le tiens sur mes genoux, c'est tout. Pas ouvert. Je regarde la mer revenir doucement dans le trou de Berthier en écoutant la pluie tambouriner sur la bâche. Des bateaux arrivent en cours d'après-midi. De plus bas. Avec le montant.

En fin d'après-midi, René se réveille. On mange un peu. Simplement. Il fait semblant d'être de bonne humeur. Pauvre ange. On se couche très tôt en espérant que son oeil aille mieux demain. Le doc a dit que ça prendrait 3 ou 4 jours avant que la douleur se calme. J'espère qu'il a charrié.

* * *

Lundi 17 juillet. Position : 46 56'18"N 070 44'24"W. Comme hier. Encore un temps de cul. Et comme hier, le christ de vent d'Est beugle encore en fou. Et René n'a pas moins mal à l'œil. On ne bougera pas d'ici, aujourd'hui non plus.

Nous prenons notre petit café sur le pont, nous efforçant de rester calmes malgré cette immobilité qui nous contrarie et nous énerve un peu malgré nous. On a la bougeotte et le temps nous menotte.

Coup de fil aux amis. « Ah oui, on en a franchi de la distance depuis samedi. Mais à la verticale seulement ! On monte. On descend. Et on monte. Et on descend. » Une chance que Berthier-sur-Mer nous offre généreusement ses deux marées quotidiennes. À 15-16 pieds de marnage, ça compte ! 15 pieds + 15 + 15 + 15 par jour depuis trois jours... Encore un mois et on pourra battre un record de « sots » en hauteur !

On prend le parti de jouer les vacanciers nonchalants. Pas pressés. De toutes façons, c'est exactement ce qu'on s'était promis : aucune obligation de performer ni de se rendre absolument où que ce soit. Au pire, des vacances à Berthier-sur-Mer seraient fort acceptables. Mais... tant qu'à être presque rendus... faudrait au moins qu'on aille un p'tit peu plus loin... au moins... à l'Isle-aux-Coudres... pis rendus là, Tadoussac va être juste à côté...

Un nouvel arrivant vient nous saluer, nous honorant (lui aussi) de cette drôle de tête qu'ils font tous en essayant d'identifier la marque de notre bateau. Celui là est né ici. Est parti ensuite. A aussi fait du bateau longtemps, partout. Sur le Fleuve et ailleurs. Maintenant, il a vendu son bateau et a acheté la charmante maisonnette jaune juste là, sur la pointe. La maison jaune remplie de fenêtres qu'on avait déjà remarquée tant elle ressemble à la nôtre. Plantée en un lieu plus grandiose que la nôtre cependant. Il nous a partagé quelques récits de ses voyages, nous a donné encore plus hâte de découvrir ce qui nous attendait au dehors de sa marina. Et on a parlé de nouveaux choix de vie. Encore. Le regard absorbé par le Fleuve...

Pendant que le vent d'Est se crinque encore un peu davantage, nous choisissons de tricher sur notre horaire. Notre prochaine étape devait nous mener à Saint-Jean-Port-Joli, avec tout ce que ça implique de planification serrée puisqu'il n'y a d'eau à l'entrée de cette marina qu'à peu près 2 heures par 6 heures.

Mais là, tant qu'à être coincés à quai à cause de ce Foutu vent d'Est, et tant qu'à avoir notre auto qui nous regarde, juste là dans le stationnement, on triche. On saute à nouveau dans l'auto : direction Saint-Jean-Port-Joli. René ne va pas beaucoup mieux qu'hier mais comme l'inquiétude n'y est plus, le moral est déjà meilleur. On retourne à la Marina. Pour se donner bonne conscience, on appelle ça du repérage. Ça nous aide à nous sentir moins ridicules !

On passera donc cet après-midi à se balader dans la région, par la route asphaltée. Le bref détour jusqu'à la Marina de Saint-Jean-Port-Joli, en pleine heure de vase et de marée basse, suffit à nous faire réviser définitivement notre choix de route. Le *Griserie* ne passera pas par ici. Il quittera Berthier-sur-Mer pour se rendre directement à l'Isle-aux-Coudres. On ne se sera pas tapés cette journée inutilement ! Vivement le retour au bateau pour planifier la nouvelle suite de notre voyage.

Les prévisions météo ne sont pas plus heureuses pour demain. On nous promet encore du vent d'Est. Moins fort cependant. Et ne devant commencer à souffler qu'en fin d'avant-midi.

Pendant qu'on médite sur tout ça, on reconnaît un bateau qui fait son entrée dans la marina. C'est Images. On les aide à accoster avant de les accueillir (presque comme si la Marina nous appartenait d'ailleurs - on s'habitue vite à la grandeur !). On se connaît à peine et pourtant on est hyper heureux de se retrouver. Ils nous racontent leur voyage. Ils se sont rendus à l'Isle-aux-Coudres mais ont choisi de ne pas aller plus loin. Ils ont cependant eu le temps d'apprivoiser leur nouveau pilote automatique et le capitaine ne tarit pas d'éloges à son sujet. Ça semble être comme un must pour rehausser le plaisir de la plaisance ! Tout en nous racontant ça, il nous demande quels sont nos plans. On lui raconte la disqualification de Saint-Jean-Port-Joli et l'option nouvellement confirmée de faire route directement jusqu'à l'Isle-aux-Coudres.

En habitués du coin, il nous dévoile un secret des lieux. Il est possible de traverser vers l'Isle-aux-Coudres en piquant directement à travers le tapon d'îles de l'archipel de l'Isle-aux-Grues. Cette route n'est suggérée officiellement dans aucun guide. Il faut être, soit presque né sur une des îles et en connaître les profils sur le bout de ses doigts, soit avoir été sagement conseillé par un initié et s'en remettre à peu près totalement à la science de son GPS.

Puisqu'on se dit que la guigne ne peut pas nous coller aux trousses à tous coups, on demande à monsieur Images de nous indiquer le passage en question. C'est par là qu'on va passer. Grâce à cet autre ange. Ça doit être un signe. Après un bon quinze minutes de briefing on revient au bateau. René trace la nouvelle route sur la carte et relève les positions à programmer dans *Garoù*.

Ici, une erreur d'une minute nous envoie assurément dans le décor. Le passage se joue à travers les cailloux, séparés parfois d'à peine 50 mètres. Il n'y a pas place à l'improvisation. Ni pour la bière. Le 5 à 7, ce sera pour tantôt.

La lune sera pleine ce soir. Grandes marées dans 2 jours.

On s'attaque à la planification de cette nouvelle journée, qui devrait, si Éole et Neptune sont moindrement de notre bord, nous faire enfin sortir de notre immobilisme. Le Guide « En suivant le Saint-Laurent » nous suggère de partir de Berthier-sur-Mer une heure ou moins avant la pleine mer à Saint-François de l'Île d'Orléans. Saint-François étant située en amont de Berthier-sur-Mer, il faut s'arranger pour être dans le chenal juste au moment où le flot commence à ralentir son élan avant de s'arrêter, le temps de faire quelques ronds et repartir vers en bas. Pleine mer à Saint-François demain : 07h30. Donc, départ de Berthier-sur-Mer vers 06h30 ou un peu après. Il faut arriver l'Isle-aux-Coudres 6 heures après la pleine mer à Québec, sinon on se prend le flot en pleine gueule, là où il peut atteindre jusqu'à 7 nœuds devant la pointe de la Prairie. On doit donc arriver là avant 14h30.

La route Berthier-sur-Mer – Isle-aux-Coudres représente environ 32 milles nautiques par le chemin des îles de Montmagny, tel qu'on l'a choisi. Ça nous donne 8 heures pour couvrir 32 milles. Moyenne requise de 4 nœuds. Dans un secteur où le courant fait ça (et plus !) à lui tout seul, ça ne devrait pas poser de problèmes !

Le plein est fait au ras bord, le bidon d'extra est re-rempli au ras bord lui aussi. On ne peut pas faire le plein d'eau : depuis toute la semaine, elle n'est pas potable à Berthier-sur-Mer.   On se contente donc d'embarquer encore plus de bidons d'eau qu'on l'aurait fait autrement.   Batteries rechargées à bloc.   Bouffe fraîche suffisante.   Linge lavé (déteint et rapetissé dans les appareils du Club House mais propre quand-même).   Au dodo Capitaine.   Les vacances (re)commencent demain.

*   *   *

Mardi 18 juillet.   Position : 46 56'18"N   070 44'24"W. Mais plus pour longtemps.   Nous quittons la Marina de Berthier-sur-Mer à 06h10.   Ça commence drôle.   Nous avons tellement hâte de partir que nous ne sommes même pas foutus d'attendre notre heure prévue de départ. Nous allons sans doute nous ramasser dans le chenal face aux derniers efforts du flot.   Mais à cette heure, ce dernier petit nœud hésitant ne nous impressionne pas. Nous avons vu ces parages dans de tels états à trois reprises... Il n'y a plus grand chose pour nous ébranler ici.

Alors ça y'est.   Grâce aux trucs du voisin, on pique direct à travers l'archipel de l'Isle-aux-Grues, entre la Grosse Île et l'Île de la Sottise.   J'espère que ça ne veut pas dire qu'on en fait une « grosse sottise ».   Les quelques bateaux sortis de la Marina à peu près en même temps que nous ont choisi les routes Nord et Sud.   La normale quoi. Nous voyons Red Fox, un souriant mais discret voisin de quai que nous avons côtoyé à Berthier-sur-Mer au cours des derniers jours, piquer franc Nord par la Passe

Patience pour rejoindre le chenal du Nord, voie des cargos. Vu d'ici, il a l'air de s'élancer en plein dans un grain. Le ciel est sombre et menaçant et on voit la tache imposante de la pluie qui doit leur tomber sur la tête.

Ça nous réconforte dans notre choix de route. Beaux innocents. C'est à croire que nous n'avons pas regardé le ciel tout autour depuis notre départ. C'est gris mur à mur sur le Fleuve. Au mieux, on voit des taches encore plus noires en certains endroits. Là où on s'en va d'ailleurs.

Mais, forts de la confiance en notre plan de route, on fonce. Pour tout dire, ça prendrait vraiment un temps de fin du monde pour qu'on rebrousse chemin pour une troisième fois et qu'on re-rentre à Berthier-sur-Mer la queue entre les deux jambes. Je pense que ça serait assez pour qu'on ait envie de vendre le bateau dret là !

Il fait gris et moche mais au moins, le temps est calme. Du moins, on n'a pas le vent dans le nez, ce qui, dans notre cas, prend vite des allures de miracles. On joue donc aux plaisanciers tranquilles. Enfin.

Les bâtiments de quarantaine qui meublent la Grosse Île dégagent l'ambiance d'une histoire triste et lourde. Ça va bien avec le temps qu'il fait.

Évidemment, à peine engagés dans le Passage de la Quarantaine, la pluie commence à tomber. Doucement d'abord. Mais au fur et à mesure que les îles et les rochers commencent à se faire plus nombreux autour de nous, et le passage plus serré, la pluie forcit et le temps s'assombrit davantage. Ça prend d'abord le ciré et la casquette, mais rapidement, ça devient un cas de salopette et de bottes de pluie. Et là ça tombe, mais ça tombe ! Des trombes de pluie s'abattent sur nous pendant que éclairs et tonnerre se rapprochent. C'est l'heure de sortir mes chaînes anti-foudres ! Au moins, je ne les aurai pas achetées inutilement.

Aussi comique que cela puisse paraître - puisque j'admets que *Griserie* supporte mal le look motard - les chaînes jouent parfaitement leur rôle : je n'ai pas peur d'être fendue en deux par la foudre. Je suis au moins tranquille là-dessus, c'est déjà un grand pas de gagné.

Là où notre situation nous apparaît plus embêtante, c'est quand on regarde devant nous. En plus d'une visibilité réduite à presque rien à cause des trombes de pluie, le peu qu'on réussisse à voir autour de nous, ou devant, n'a rien de rassurant. On est entourés de battures et de rochers. Certains d'entre eux pas mal trop proches à mon goût d'ailleurs.

Bien sûr, on ne prend pas de chance et je procède à une vérification de la route relevée sur la carte et des points entrés dans *Garoù*, tout en dégoulinant allègrement sur le papier. Tout baigne. Presque autant que René resté dehors sous la pluie !

Il n'est pas rassuré lui non plus. Il s'agripe à *Garoù* avec ce qui lui reste de foi et de confiance en sa bonne étoile. Mais par moment, ça n'est pas du tout évident. Lorsqu'on voit le Rocher Rouge et ses îlots, juste là devant, à une centaine de mètres à peine, et que notre way point nous indique de continuer à foncer devant, on est vraiment inquiets. Tout coincés que nous sommes entre ces îlots, sans *Garoù*, impossible de faire demi-tour ni de continuer. Si *Garoù* se plante avec la suite du parcours (lire : si nous avons fait une erreur en le programmant), il nous faudra absolument jeter l'ancre et attendre que les orages passent et que la visibilité redevienne meilleure parce qu'actuellement, on n'arrive pas à voir les îles à deux cents mètres, même si on sait mauditement qu'elles sont là ! Mais juste au moment où des papillons commencent à me gigoter dans le ventre, *Garoù* nous indique la route vers le prochain way point, à 020° vrai. En virant, on voit s'ouvrir un joli passage entre les rochers, bien clair, bien droit, assez large, juste là, droit devant. Ouf ! Quel soulagement ! Là, j'ai eu une petite chaleur. Ça n'avait pas l'air gagné du tout notre affaire. Mais on se rend compte que si tous nos way points sont bien programmés, ça devrait aller. Avoir compris d'avance que certains passages allaient être aussi serrés, il est plus qu'évident que nous aurions révisé la liste à plusieurs reprises[18]. Avant de partir ! Que ça nous serve de leçon pour l'avenir : on ne sait les risques qu'on court qu'après les avoir évités.

Quand je sors la caméra vidéo, René me sourit. Il prend même le temps de chanter « C'est le temps des vacances, venez vous amuser… ». Disons qu'il a l'air heureux !

Il faut admettre que l'instant n'est pas banal. On est au beau milieu du Fleuve, il pleut des cordes et tout autour, le paysage ressemble à une scène de David Hamilton :

---

[18] C'est la raison d'ailleurs pour laquelle je ne m'aventurerai pas à donner ici la liste de nos points de route. Le chemin est par endroit trop étroit et la programmation d'une route au GPS trop cruciale pour que je me risque à vous dire officiellement de passer par là où nous sommes passés. La même route, dans quelques années, ou au moment de grandes marées, ou à heure plus près de la marée basse et peut-être qu'on se plantait nous-mêmes dans les rochers. À vous d'étudier attentivement cartes et Guides et de tracer vous-mêmes la route que vous voudrez prendre. En attendant de croiser un ange sur un quai !

flou et embrouillé. Ou à une scène (apparemment inoubliable) de Emmanuelle IV où l'héroïne prend ses aises sous la pluie. Je ne l'ai jamais vu mais, j'en entends parler presque à chaque fois qu'il pleut. Je me demande si elle portait une salopette et un capuchon en plastique jaune la Emmanuelle... Moi, j'ai l'air de ne faire aucun effet à mon homme dans cette tenue. Bizarre.

Tout ça pour dire que, doutes et inquiétudes passés, ce qu'on vit, et ce qu'on voit, est absolument grandiose. Plus loin, par le travers tribord, s'allonge la Batture de l'Île aux Oies. Sur notre travers bâbord, environ 4 milles plus loin, nous devinons tout juste les Brisants du Cap Brûlé. Nous laissons tranquillement derrière nous les îles de l'archipel. Et droit devant, sur une ligne imaginaire, le fragile présent[19].

On y est. Totalement. Et la pluie a beau nous dégouliner par le bout du nez, nous sommes très sincèrement heureux d'être ici. C'est délicieux. Et le tonnerre a beau gronder de toutes parts, je jubile. Nous pourrions nous croire seuls au monde. Seuls, en tête à tête avec la nature qui se manifeste bruyamment. Je t'avais bien promis Saint-Laurent que tu ne serais pas déçu de ma présence. Je te dérange tellement pas que tu ne sais même pas que je suis là.

---

[19] J'ai piqué ces quelques lignes à l'ancienne édition du cours des Glénans. Je les ai peut-être même un peu adaptées à mon goût. « Va la vie comme va la voile. Le monde au vent ; le monde sous le vent. L'avenir d'un bord ; le passé de l'autre. Et droit devant, sur une ligne imaginaire, le fragile présent. »

Notre Fleuve est magnifique. Même tout gris comme aujourd'hui, il enveloppe et apaise à la fois l'âme de ceux qui s'y aventurent en silence. Tous les efforts que nous déployons depuis le début du printemps prennent soudainement toute leur valeur. Une valeur… majestueuse. Je trouve toujours un peu pompeuse cette expression, cliché qui accompagne systématiquement le Fleuve dans tous ses déplacements : le majestueux Saint-Laurent.

Finalement, cela n'a rien d'un cliché. Il mérite largement ces éloges. Majestueux, ça veut dire, quand on parle du Fleuve, trop beau pour être vrai ; pâmant ; étonnant ; surprenant ; imposant ; fascinant… et nous on est là, à se balader doucement dessus, prétentieux petit rien qui s'imagine se l'approprier en le chevauchant. Désolée mon vieux. Je m'étais trompée. Oui, je dirai dorénavant avec fierté « Mon Fleuve » mais jamais je n'aurai cru te posséder. Tu n'es qu'à toi. Tu ne peux être qu'à toi-même. J'espère que l'homme ne t'a pas déjà fait trop de mal…

En attendant, nous quittons le Chenal Traverse du Milieu à peu près à la latitude du Rocher de la Baleine pour piquer franc Nord et rejoindre là-bas le Chenal des cargos, passant au Nord de l'Isle-aux-Coudres. Nous avons opté pour le chemin le moins fréquenté. Pour cause : il y a parfois à peine plus de deux mètres d'eau dans ces parages. Ça sera bientôt l'heure de la basse mer par ici mais il n'y a tout de même pas de quoi s'énerver. On tire moins de 4 pieds. Et il y a zéro vent et si ça se peut, encore moins de vague. Alors pourquoi criez-vous, vous autres qui dites que ça se fait pas ! Ça se fait pas avec un bateau du Vendée Globe, j'en conviens mais avec notre petit *Griserie*, aucun problème. Tiens ! Serait-ce un à zéro pour les petits bateaux ?

Nous avons quelque 5 milles à parcourir comme ça, au milieu de nulle part, avant de rejoindre le Chenal. Par bonheur, la pluie a cessé. Sans s'éclaircir, le ciel présente de moins en moins de zones de fin du monde. On dirait qu'on a moins de chance qu'il nous tombe sur la tête. Tant mieux. Tout est si calme autour de nous qu'on dirait que le Fleuve dort. Depuis le départ ce matin, il n'y a pas une once de vent. Si on bouge, c'est uniquement grâce à notre tapageur piston qui ne cède pas souvent sa place aux voiles. Mais au moins, on bouge. À moteur, dans des conditions de plat total comme maintenant, le *Griserie* avance à environ 4,5 ou 5 nœuds. Au mieux. En vitesse de surface.

On pénètre dans le Chenal en aval du Cap Maillard. On en est juste assez éloignés (et en plus, le temps est juste assez calme) pour que l'on ne sente rien de son détestable clapot. En fait, il ne s'agit pas vraiment de clapots mais bien plutôt de vagues croisées, provoquées par les vents descendants de chaque côté du Cap, vagues qui s'entrechoquent violemment en un cafouillage désordonné dès que vent et marée se contredisent le moindrement. Tous ceux qui y passent s'en souviennent. En ce qui nous concerne, il n'y avait aucune raison de s'approcher de la côte, d'autant plus que nous arrivons du beau milieu du Fleuve. Nous avions donc déjà convenu que notre route suivrait la limite Sud du Chenal de façon à ne pas nous amuser à nous pointer face à face à un cargo.

Je suis assez contente que nous ayons fait ce choix. Parce que là, à peine sortis des orages, de la pluie, du décor rêvé

155

pour une suite des joyeux naufragés, là, maintenant que j'appréciais simplement et parfaitement l'instant... je vois derrière nous, en amont du Chenal : rien. Et devant, en aval : rien. La brume nous attendait. La salope. Comme s'il fallait à tous prix qu'on goûte à tout le même jour.

Je vais marcher sur le pont du bateau, m'accroche aux haubans et gueule à tue-tête :

- « Qu'est-ce que je t'ai fait pour que tu me fasses ça ? J'suis fine, bien préparée, pleine de bonnes intentions. Je t'avais promis que j'allais pas te déranger, que j'aillais t'écouter... Pourquoi me fais-tu tant de misères ? Je mérite pas ça !!! »

Ça fait rire René. Good. Ça en fait au moins un. Moi, je ne ris pas du tout. Tout d'un coup, j'ai mon voyage. Ça s'peut pas le condensé de merde que le temps nous a réservé depuis le départ. Ça ne sert plus à rien de m'énerver, il faut que je comprenne que ça risque d'être notre normale. Ça doit être parce qu'on était tellement bien préparés que le temps s'est dit : « ben, j'vais m'forcer un 'tit peu, sinon, il vont s'ennuyer les tous p'tits ! ». Écoute-moi bien le comique. Si jamais tout devient trop facile, t'inquiète pas pour moi. Je ne m'ennuierai pas, j'écrirai !

Plus de cent pages plus tard, je suppose qu'il n'y a eu que du mauvais...

Notre approche de l'Isle-aux-Coudres se déroule donc sans elle. On sait bien qu'elle est là mais on ne la voit pas du tout. Ni elle, ni bien sûr les éventuels cargos qui pourraient venir vers nous. Pour parer au pire, on sort un peu à l'extérieur du Chenal. Pas de danger, il y a assez d'eau pour nous. S'il y en a pour le grand Niagara qui commence à nous rattraper, il y en a sans doute assez pour nous. (Honnêtement, ceci est la réflexion la plus bête et la plus dangereuse qui puisse passer par l'esprit du plaisancier parce que a)le capitaine du Niagara peut être totalement con et se planter tête première dans un haut-fond parce qu'il n'a pas regardé ses cartes ; b)le bateau, même s'il a l'air de faire pas loin de 40 pieds, pourrait bien avoir une quille rétractable ; c)ils tournent peut-être des images pour un film de naufrage ; d)c'est peut-être juste un mirage parce que la journée commence à me rentrer dans le corps ; e)on n'est jamais si bien servi que par soi-même !). Anyway. Comme on ne se fie pas sur lui, il n'est pas menaçant et nous fait juste un peu de compagnie en ce brumeux instant. À part ça… il a un radar et nous on n'en a pas.

– « Youhou ! Veux-tu être mon ami ? »

Moi je trouve qu'on ne voit rien. René prétend qu'on commence à voir l'Isle-aux-Coudres. Juste là. Juste là j'comprends : on arrive dessus ! En fait, on commence à la voir juste à temps, elle et le feu de la pointe de la Prairie. Il semble que l'on ait induit *Garoù* en erreur au moment d'entrer la route. Le feu qui nous sort de notre torpeur ressemble à un mini phare. Il délimite la lisière NW de La Grande Batture. Notre 7e way point nous amenait en plein dans la batture, pile à l'heure de la marée basse, instant rêvé pour rester pris dedans. En prenant les relevés de la route tracée sur la carte, il semble qu'on se soit trompés de 18 minuscules secondes en notant la latitude. Ce qui nous menait à un tout petit mais tout petit 8 secondes trop à l'Est. Une affaire de moins de 250 mètres. Un pet. Mais juste le pet qu'il fallait pour nous mener à peu près direct dans le joli poteau du feu. En d'autres mots, on s'enlignait pas mal dans la roche ! Heureusement pour nous, le feu de la pointe de la Prairie est sorti de la brume juste à temps pour que nous corrigions notre cap en catastrophe. La bouée verte K65, placée tout juste 1/6 de mille plus loin ne nous était même pas encore visible, à cause de la brume. On ne la voit qu'après tout ça...

Nous voici donc devant la pointe de la Prairie. Du coup, on dirait que la brume veut se dissiper, s'entasser sagement dans les plis de la côte charlevoisienne, et nous laisser admirer l'Isle-aux-Coudres.

Parce qu'elle est bien là. Enfin, on la voit. Émouvante. Toute paisible, comme si elle était postée là depuis toujours exprès pour observer en silence ses voisines d'en face, les montagnes de velours de Charlevoix.

En faisant nos calculs pour préparer la route, nous avons tenu compte de la contrainte d'arrivée à l'Isle-aux-Coudres. Mais nous n'avons estimé que l'heure maximum d'arrivée. En fait, nous aurions dû prévoir deux temps de contraintes : avant que l'eau soit trop basse ou après qu'elle soit revenue ! Parce que notre histoire de contrainte annoncée par les Guides a pour but d'éviter de se taper le plus gros du flot en pleine face en arrivant devant l'Île. Ce que nos charmants petits guides ont oublié de nous dire, c'est la plage de temps où ça n'est pas possible d'entrer dans la Marina parce que l'eau est partie prendre une marche ailleurs. Bien sûr, on savait que le bassin de la Marina s'asséchait. J'avais même téléphoné il y a quelques semaines pour connaître le degré d'envasement à l'entrée... Oui oui ! On a passé à peu près 6 heures de notre cours de navigation côtière à calculer les écarts des profondeurs d'eau, en fonction des heures des marées. On est parfaitement outillés pour savoir précisément de combien l'eau aura baissé en tel ou tel endroit à un moment précis. Du moment qu'on connaît le niveau d'eau au départ ! Et c'est ça le hic ! L'ami Alain de la Marina ici ne savait pas ça quand je l'ai appelé l'autre fois. C'était pourtant simple me semble. Moi, j'avais juste besoin de savoir comment je devais réajuster mes chiffres de profondeur sur la carte à l'entrée de sa Marina. Facile ?

- Bonjour monsieur. Je ferai bientôt un voyage qui me mènera chez vous avec mon-petit-voilier-et-j'lui-raconte-ma-vie-et-patati-et-patata faque y'a combien d'eau cette année à l'entrée de votre Marina ?
- Y'a combien d'eau quand ? À marée basse ? Y'en a pas ?

Alors je fais quoi moi ? Je m'obstine avec lui ? Je lui demande de me préciser « combien pas » ?

- Combien de pieds en dessous de la bouette se trouve-t-elle l'eau môsieur s'il-vous-plaît ?

Pas si simple hein ?

Alors en ce joli mardi de l'an de grâce qui nous aura mené jusqu'ici, on arrive devant le Port de refuge du Havre Jacques-Cartier de l'Isle-aux-Coudres (quand j'écrivais Marina tantôt, c'était juste pour aller plus vite) à 11h10. Besoin d'un petit rappel ? Basse mer prévue ici aujourd'hui pour ? 11h 20. Ta-dam !!!

Ça veut dire qu'on a en pour un bon deux heures à attendre que le niveau de la mer remonte suffisamment pour qu'on puisse passer l'entrée du bassin. On doit donc s'ancrer dans le mouillage de la Prairie, mouillage qui offre, par fonds de 5 à 18 mètres d'eau, un bon abri pour les vents de tous secteurs. Et de toutes façons, c'est à toutes fins pratiques la seule option pour attendre le moment où l'on peut accéder au bassin de la Marina, à moins, encore une fois, de faire des ronds en face pendant deux heures. Ça ne sera pas notre option !

Je lance un appel radio à la Capitainerie, question de nous annoncer et de confirmer le temps d'attente que nous supposons être d'à peu près deux heures, deux heures et demi, tout au plus. Non. Pas aujourd'hui. Aujourd'hui, nous devrons attendre jusqu'à environ 15 heures. On nous demande de nous ancrer aussi près que possible du bassin pour qu'ils nous aient à l'œil et qu'ils n'oublient pas de nous appeler quand l'heure sera venue pour nous d'entrer. Évidemment, ils ont pris soin de nous demander notre tirant d'eau. Avec notre petit 3 pieds 6 pouces, on sera sans doute appelés les premiers, peut-être une bonne demi-heure avant l'ami-avec-un-radar de tantôt, officiellement un Niagara 35.

On se prépare à jeter l'ancre. Ça, ça veut dire moi sur le nez du bateau et René à la barre et au moteur. Il vérifie la profondeur… En tenant compte de la longueur de notre mouillage (135 pieds), et du ratio recommandé 1 pour 7 (profondeur vs longueur de mouillage) on préfère mouiller dans pas plus de 20 pieds d'eau. Comme ici, le niveau va monter au cours des trois prochaines heures où l'on y sera ancrés, il faut tout de suite prévoir le niveau maximum à l'endroit retenu. Donc, on va chercher du pas creux ! 50 pieds. 45. 35. 20… 15…

- Lucie, prépare-toi à jeter l'ancre ! Je vais ralentir et quand je crie « OK » tu laisses tomber.

- Prête.

12 pieds. 10, 9, 8.

- OK !

-Ok ! Je la laisse aller... Hé ! Mais on va vite René !

- Ben voyons ! On est presque arrêtés...

Ben oui, on est *presque* arrêtés. Mais presque arrêtés le nez face à 3 nœuds de courant, ça fait reculer son homme ça ! Nouvelle leçon du jour : on ne mouille pas dans les courants du Fleuve comme on mouille devant sa cour sur le Lac des Deux-Montagnes !

Je remonte l'ancre sur le pont pendant que le décor défile à l'envers. Sans nous en rendre compte, et en moins de temps qu'il en faut pour l'écrire, nous avons reculé aussi loin que l'entrée de la Marina, presque dans le chemin du traversier de Saint-Joseph-de-la-Rive. Oups ! On repart la machine, avant toute ! Deuxième essai.

10, 9, 8...

- Lucie... maintenant !

Parce qu'un homme averti en vaut deux, ce coup là est le bon. Mais tout de même, on sent la force du courant sur nous. On se prend des amers[20] autant qu'on peut. Rien ne bouge et pourtant, lorsqu'on regarde l'eau défiler sous la coque, on dirait vraiment qu'on ne tient pas en place. Même *Bidoune* est tout mélangé ! On est bien ancrés et il dit encore 2,8 nœuds, 2,5... Mais on remarque que ça

---

[20] En langage sec (ou terrien, à vous de choisir) un amer pourrait se traduire par un « repère à terre, vu de la mer ». Ça ne sonne pas catholique comme traduction mais ça dit exactement ce que c'est !

baisse. D'ici une trentaine de minutes, vers la fin du renversement de marée, *Bidoune* lira probablement 0 pendant quelques minutes, avant que le bateau ne tourne dans l'autre direction, faisant alors face au flot qui commencera à nous monter dans le nez. Et *Bidoune* recommencera son cirque à l'envers à 0,5 nœuds, puis 1, puis 2... Jusqu'à ce qu'on reçoive l'appel radio qui nous invitera à rejoindre notre quai. Dans quelque trois heures maintenant.

Ce délai nous surprend. Ça veut dire qu'il faut attendre un peu plus de 3h30 après l'heure de la basse-mer pour qu'il y ait 4 ou 5 pieds d'eau à quai au Port de refuge Havre Jacques-Cartier de l'Isle-aux-Coudres ? Dans un endroit où le marnage atteint les 16 pieds ? Est-ce qu'on se trompe ? À voir le petit bout des têtes de mâts dans la Marina, qui ne dépassent que très peu ma foi, on dirait que le bassin est vraiment très profond derrière la jetée ! Je ramasse les jumelles et y regarde de plus près. Je cherche l'entrée du bassin... Pas croyable ! Il n'y a tellement pas d'eau que l'accès ressemble à un chemin de terre parfaitement sec qui grimperait du Fleuve vers l'intérieur de la Marina. Et ce chemin est asséché sur une vingtaine de pieds à l'extérieur du bassin. Je donne les jumelles à René. On est morts de rire !

- Sors l'appareil photo et la caméra vidéo ! Sinon, on ne se croira pas nous-autres mêmes, on va penser qu'on a mal vu !!!

Mais aussi incroyable que ça nous semble, on ne rêve pas. Ce que je ne comprends pas encore, c'est pourquoi m'avaient-ils répondu 2 heures avant ou après la basse mer quand je les avais appelés avant les vacances...

Pourtant, les grandes marées n'arrivent qu'environ 2 jours après la pleine lune. À moins que c'était avant-hier la pleine lune ? Oh, et j'ai négligé l'impact des derniers jours du Foutu vent d'Est, qui peut à lui seul bousiller les prédiction des tables de marées...

Bon. Suffisent les émerveillements pour aujourd'hui. Que l'on s'en garde pour demain. Pause lunch. Accompagné de la meilleur bière .5% que je n'aie jamais bue. Même le temps semble vouloir s'alléger et s'éclaircir. Les cirés sont suspendus pour séchage. On a l'air de la relève du capitaine Hi-liner en vacances. Un magnifique voilier école prend son départ vers Tadoussac, le Vaillant II, de Longueuil.

Il est 13h45. Je scrute l'horizon, avec les jumelles, en attendant de voir lequel des deux se pointera le premier : le béluga ou l'eau dans la Marina. Le temps est gris mais délicieux. Le *Griserie* se fait doucement bercer dans le creux des bras de Charlevoix et de l'Isle-aux-Coudres.

Délire d'embruns

Entre la beauté saisissante des montagnes
à moitié camouflées
derrière le nuage de votre souffle chaud
dans l'air glacial

la lumière
étonnante lueur

insaisissable splendeur
de l'immensité
déposée à nos pieds

la solitude parfois me séduit de sa présence

La Capitainerie nous appelle à 15 heures piles. Le chenal d'accès à la Marina est balisé par des bouteilles d'eau de javel peinturlurées en rouge et vert et attachées à des branches à peu près plantées dans l'eau. Comme le niveau n'est pas encore à son maximum, les bouteilles flacotent un peu n'importe comment au bout de leurs cordes, trop longues dans si peu d'eau. J'ai peine à croire que ça indique le chemin. D'autant qu'elles frôlent le bord du bassin ces drôles de bouteilles à la mer.

On nous attend à notre ponton. Je ne m'habitue pas au plaisir de voir deux bras inconnus tendus dans les airs pour nous indiquer notre emplacement et pour nous accueillir. J'ai toujours une grande reconnaissance pour ces bras-là...

Route du jour : 32,5 milles au loch. Vitesse maximum enregistrée par *Bidoune* aujourd'hui : 6,7 nœuds. Mais il ne savait pas tout. Vitesse maximum sur le fond, dixit *Garoù* : 13 noeuds !

Position : 47°25'14''N 070°23'34''W. Enfin. On a bougé. Je ne me souviens déjà que du meilleur. À chaque fois que l'on survit, la peur cède aussitôt la place aux beaux souvenirs.

*   *   *

L'Isle-aux-Coudres doit son nom à Jacques Cartier, qui mouilla dans la baie de la Prairie le 6 septembre 1535, lors de son deuxième voyage. Il y trouva « entre aultres,

(...)plusieurs couldres franches », les célèbres coudriers de l'île, «et pour ce, la nommasmes l'isle es couldres ». Nous lisons ceci, et bien d'autres choses encore, dans un petit guide touristique de la région, tout en savourant un petit verre de porto blanc, bien calés sur les bancs du cockpit. Nous venons d'aller faire quelques courses à la petite épicerie juste en haut de la route. En haut parce que, entre les quais et le chemin de l'île, il y a une pente dite « à coton ». Les automobiles y montent aisément, les maisons mobiles et les autobus un peu plus lentement, les cyclistes péniblement. Et les navigateurs ? Ouf ! Nous n'avons pas fait un tel work-out depuis le moment où on a sablé la quille ! Doucement papillon. Je souffle tellement fort que les bateaux d'excursion aux baleines commencent à regarder en haut de la côte avec leurs jumelles pour savoir d'où vient ce souffle-là.

- C'est juste le mien, pas celui d'un mammifère marin. Prenez pas de photo !

N'empêche qu'une fois en haut, je constate que ça valait la peine de s'essouffler un brin. La vue sur le Fleuve, sur Charlevoix, et sur notre *Griserie* se reposant doucement tout en bas, valent 100 fois l'effort. À peine mon souffle revenu que le voilà coupé par tant de beauté. Et nous, nous sommes là, au beau milieu de tout ça. Arrivés par la Grande Route. Si bleue. Si magnifique. Oui, majestueuse, y'a vraiment pas d'autres mots. Comme l'a toujours dit mon père et comme je m'amuse à le citer si souvent : « le beau chemin rallonge pas » ! Papa a raison.

Le délicieux petit porto n'est pas dégusté dehors bien longtemps. Un petit crachin glacial a commencé à nous tomber dessus. Une fois la bâche installée, on revient au carré. Il fait tout à coup froid et humide dans le bateau. On s'ajoute des pelures : combinaisons, re-chandail, bas dans les souliers. On ferme la porte et on s'allume la chaufferette. L'arrivée à l'Isle-aux-Coudres mérite d'être soulignée dignement. Je sors des coffres l'une des bouteilles de vin offerte par François et compagnie pour mon anniversaire. Un Cabernet Sauvignon à l'espagnole. Heureusement, le texte de présentation sur la bouteille suggère de le boire plutôt frais. Ça adonne bien puisque, l'ayant remisée au fond des rangements donc, directement adossée à la coque, et que l'eau ici doit être à, au plus, 10 degrés, elle est dans le très fraîche merci la bouteille ! Ça coupera un peu le parfum de carry de notre riz au poulet.

Il est encore tôt quand nos deux corps tombent au combat en ce grand jour où, pour la première fois, le *Griserie* a traversé le Fleuve Saint-Laurent.

* * *

Mercredi 19 juillet. Aujourd'hui, on ne bouge pas. On a décidé ça à l'heure du porto hier. La présence du *Griserie* à l'Isle-aux-Coudres est trop magique pour faire vite.

Horaire du jour : qu'il vente ou qu'il ne vente pas, on sort... à vélo !

Petit matin frisquet au Port de refuge du Havre Jacques-Cartier de l'Isle-aux-Coudres. Un cas de chaufferette à coup sûr. Surtout en revenant de la douche. Un peu de ménage, un brin de lecture et vite, on grimpe la côte vers la première maison de location de bicyclettes que l'on croise.

L'Isle-aux-Coudres a près de 6 milles de long et une largeur moyenne de 2 milles. Au Nord de l'île, la côte s'élève abruptement en collines boisées pour atteindre jusqu'à 119 mètres. Du côté Sud de l'île, une crête de 30 mètres d'altitude s'étend doucement le long de la côte. La route qui ceinture l'île fait quant à elle environ 26 km. Presque rien. En auto surtout. D'où l'intérêt d'en faire le tour à vélo. Sauf que pour des voileux comme nous, les pieds s'acharnant aux pédales, l'exercice fait souffrir. Heureusement, les occasions de pauses se succèdent à chaque tour de roue. Pas sitôt quittés le stand de location, je commence les arrêts comme autant de stations dans la passion du Christ...

Premier stop : le fameux Monument à Jacques-Cartier commémorant la première messe célébrée ici. On foule le sol de ce cap, perchés tout en haut, à peine à l'Ouest du débarcadère, au même endroit où se tenait Jacques Cartier il y a quelque 466 ans. Dire qu'à ces quelques années près, il aurait pu voir notre *Griserie* d'ici...

Tout nous émeut de l'Isle-aux-Coudres. Le fait d'y être arrivés en voilier, bien sûr, mais la géographie du lieu aussi, la splendeur de Charlevoix, du Fleuve. Et la splendeur des gens surtout. Le plaisir de « chouenner » avec eux, au bout du quai, devant le moulin, la boulangerie. « Chouenner », pour les gens de l'Isle, ça veut dire un bienheureux mélange de flâner et jaser je crois. J'ajouterais, dans mon jargon bien à moi, « être complètement en train d'être avec » quelqu'un qu'on vient de rencontrer. Une sorte d'intérêt spontané qui amène les gens de l'Isle à s'intéresser aux visiteurs. Ce qui les distingue et qui fait qu'on se souviendra toujours de la belle dame Normande qui m'a vendu mes si beaux et si chauds bas de laine, de la conductrice de la navette qui est venue à notre rencontre, comme ça, pour rien à part nous dire bonjour, et qui nous a raconté son mari et son fils clarinettistes célèbres... Cette Isle-aux-Coudres, pourtant balayée par les grands vents du Fleuve, qui s'offre si chaude et si simplement vraie à ses visiteurs.

De toute sa vérité, l'île ne peut donc pas cacher son relief, offrant à chaque nouveau détour un coup d'œil sublime sur ses paysages, sur son rivage. Sa vraie nature. En remontant la dernière côte, mon sourire gaga quitte soudainement mon visage qui lutte de toutes ses grimaces pour arriver en haut. Ouf! On voit qu'un voilier de 23 pieds impose un manque d'espace surtout quand vient le temps de garder la forme! Diable qu'on en arrache! Tant et si bien qu'on n'est finalement pas fâchés de rendre les vélos au locateur et de redescendre doucement (parce qu'on a les jambes trop molles pour aller vite) vers le bateau.

Après ce tour de l'île à vélo, nous arrivons à la Marina à 13 heures, en pleine basse mer. Euh... Je devrais dire en vide mer, dans le fond.

Ça y'est. *Griserie* est fièrement calé dans la vase. Bien droit. Bien fier, encore une fois. C'est qu'il sait vraiment savourer chaque instant du voyage le beau bleu! Il profite avec élégance de toutes ses premières.

En descendant sur les pontons, on remarque un gars, affalé dans un dinghy qui a presque l'air dessouflé à force d'être envasé. Le gars a l'air de dormir. Comme si de rien n'était. Un soupçon de nonchalance semble planer au-dessus de ce dinghy. On passe tout droit, sans remarquer que le gars a un oeil entrouvert et qu'il nous regarde passer. Peu de temps après que l'on soit rembarqués à bord de *Griserie*, le gars du dinghy fait tout le grand tour des quais et vient vers nous. René, sur le quai, s'affaire à prendre en photo *Griserie* dans la boue.

- Salut. Il est beau ton bateau. Qu'est-ce que c'est ?
- Bateau canadien. Un Georgian. C'est un 23 pieds.

Je suis sur le bateau et écoute la conversation, sans trop m'en occuper. Le gars a l'air bohème, presque itinérant. Mais encore une fois, c'est une tête de mèches blondies par le sel et la vie et des yeux bleus que le vent et le temps ont entourés de rayons de soleil.

- Il a vraiment fier allure votre *Griserie*. Une belle ligne, élégante. Un haut franc-bord qui vous permet sans doute d'affronter de bonnes vagues. J'aurais confiance en un bateau comme le vôtre. Ça a vraiment l'air d'un bon bateau. Félicitations.

Jusque là, on se demande un peu, René et moi, si le gars n'est pas en train d'essayer de se « bummer » un tour de bateau. Mais, il y a quelque chose dans son regard, dans l'intensité de sa présence, qui nous donne envie d'être curieux à notre tour.

- Et toi ? As-tu un bateau ici ? On t'a vu dans un zodiac tantôt...

Alors là, nos yeux rondissent d'un coup sec. Je pense qu'on recommencera à cligner des yeux à peu près 10 minutes après son départ seulement.

Le Capitaine de l'Alcyone III se prépare pour un voyage qui le mènera au Détroit de Belle-Isle, chemin qu'il a choisi pour traverser jusqu'aux mers du Nord... de la Norvège avant de redescendre vers la Méditerranée, d'où il mettra le cap pour un grand tour. Il aimerait bien passer quelques années dans l'Océan Indien avant d'aborder le Pacifique. L'Alcyone III n'a pas de projet de retour à son journal de bord. Le bateau, un Dufour 38, en acier, a été construit au Québec. Si le Capitaine est envasé ici dans son dinghy, c'est qu'il est venu chercher une pièce pour réparer un ennui mécanique et doit attendre, comme tout le monde, que l'eau revienne dans la Marina. Il écoute notre voyage, notre histoire, notre projet, avec attention et respect. On le sent intéressé et curieux. À peine éloigné de son Longueuil d'attache, il est déjà en pleine découverte, comme on découvre un nouveau pays. Pas de doute, il vivra des instants magnifiques et en savourera intensément chaque nuance.

En partance pour le monde, l'Alcyone III et son Capitaine en séduiront sans doute plus d'un au cours de leur long voyage. En fait, il s'agit davantage d'une vie que d'un voyage. Quant à nous, ce merveilleux itinérant nous aura subjugué. La richesse d'une rencontre est une affaire de seconde, de feeling, d'énergie. Une salutation sincère sentie jusqu'au fond des yeux, une poignée de main chaleureuse et honnête... Pour nous, celui-là incarne un nouveau messager, comme une sorte de phare qui sort de la brume et te confirme que tu es sur le bon chemin. À moins que ce soit lui Bob Latour ?

René et moi ne l'oublierons sans doute jamais. Un navigateur qui charrie déjà, par sa seule présence, tout ce monde qu'il n'a encore même pas découvert. Heureux les terres, les îles, les mers et les vents qui pourront saluer son passage.

Au moment de se quitter, nous lui avons souhaité de faire bonne route. Puisqu'il y est probablement encore, quelque part dans une mer ou une autre, nous lui souhaitons encore bons vents et bonnes mers. Jusqu'à ce qu'on se revoit un jour.

On revient à bord, l'horizon ouvert à perte de vue, dans nos têtes.

Sans que l'on ait à se dire un seul mot, René sort le rouleau de cartes et l'Atlas des marées pendant que j'allume la radio à la fréquence météo. Bon. On ne reçoit aucun signal. On est dans le fond du bassin en ce moment, ça se peut. Le cellulaire fera l'affaire. Météo pour Tadoussac pour le jeudi 20 juillet : soleil en avant-midi suivi de passages nuageux. Ennuagement prévu en soirée. Vents d'Ouest de 15 à 30 km/h (soit de 8 à 17 nœuds) diminuant en après-midi. Aperçus pour vendredi, à peu près beau. Samedi, à peu près de la pluie. Dimanche, à peu près n'importe quoi. En langage de météorologues, ça s'appelle « ciel variable ». Donc, n'importe quoi.

Cela annonce et confirme à la fois que le départ de la Isla-a-las-Coudras aura lieu demain. Il est temps. On est prêts.

C'est étrange. Il n'y a pas 24 heures qu'on est ici, on adore l'Isle, ses gens et ses rencontres, pourtant, on veut s'en aller. Dès l'instant où l'on arrive à terre, on dirait que l'envie de bouger commence déjà à nous reprendre. État béni des navigateurs communément appelé « avoir la bougeotte ». Et étrangement encore, lorsqu'on largue à nouveau les amarres, on se réjouit des nouveaux lieux que nous découvrirons à la prochaine escale. Pourtant, sitôt le pied mis à terre, on en a encore assez et l'envie nous reprend d'aller voir ailleurs. Serait-ce qu'on n'est jamais satisfaits de rien ? Est-ce que le plaisir de naviguer se fait ressentir encore plus fortement lorsqu'on est à terre ? Je n'en sais trop rien. J'aurais tendance à croire que l'on apprécie pourtant chaque instant de la route. Et de ses arrêts aussi. Alors, pourquoi toujours cette envie d'être ailleurs ? Pourquoi avoir si hâte à la prochaine escale ? Est-ce qu'on n'est donc jamais contents ? Bon, dans notre cas, *Griserie* ne nous donne pas vraiment d'autres choix. Questions de garde-robe de mouillage d'une part mais aussi question d'autonomie d'énergie. Est-ce que ça nous calmerait de savoir que nous n'avons pas à faire escale à tous bouts de champs ? Ça doit expliquer qu'on est contents lorsqu'on arrive à terre mais qu'on n'est pas nécessairement confortables d'y rester longtemps. Serait-ce l'urgence d'aller aussi loin que possible dans nos courtes vacances ? Est-ce qu'on tient à ce point à se rendre à Tadoussac au bout de ce voyage ? Je n'en sais rien. Mais la longue route de Moitessier, celle qu'il a choisie de poursuivre après un tour de monde complet, pour entre autres s'épargner l'horreur et la folie des honneurs, aura peut-être été pour lui la meilleure façon d'exorciser ces mystères et de venir à bout de cette question. « Allons-donc voir jusqu'où on osera aller, sans se tanner. » Et si notre réponse était aussi le bout du monde...

* * *

Jeudi 20 juillet. Réveil à 04h30. Oh là là, c'qui fait froid! Une mignonne couche de givre couvre le pont du bateau. Il doit faire 5 degrés, tout au plus. La chaufferette, qui a travaillé toute la nuit, se fait coller le piton à maximum pendant qu'on s'habille. Autres lieux, autres modes. En ce 20 juillet, on enfile combinaisons de laine et de polar, chandail par-dessus chandail, bottes, manteaux, tuques et mitaines. Ben oui, je me demande pourquoi nous n'avons pas tout simplement choisi de passer nos vacances à la Plage d'Oka en bikinis! Farce à part, on a le cœur en fête en s'habillant. Ça faisait partie du choix depuis le début. On n'aura pas embarqué les lainages inutilement!

Pour une route Isle-aux-Coudres – Cap-à-l'Aigle, «En suivant le Saint-Laurent» recommande un départ 4 heures après la pleine mer à Pointe-au-Père, soit 09h15 aujourd'hui. La Capitainerie de la Marina nous suggère la même chose. Sauf que nous, les rigolos, avons décidé de tenter de rallier Tadoussac d'une traite. Avec la météo annoncée pour les prochains jours, nous craignons qu'en stoppant à Cap-à-l'Aigle aujourd'hui, ça soit la fin de notre route. Les deux jours de vents d'Est qu'on nous promet nous y retiendraient à coup sûr. Ensuite, aurions-nous encore le temps d'aller voir la Toupie et revenir à temps pour la fin des vacances? Nous qui avons fait le serment de ne pas prendre de chance et d'éviter les vents à mer d'enfer...

De l'Isle-aux-Coudres à Cap-à-l'Aigle, 20 tout petit milles. Une affaire de 4 heures, gros gros max puisque les courants peuvent taper les 4 nœuds très facilement au cours de cette route[21]. Sauf que, comme nous voulons Tadoussac, ça ne finit pas là. Nous devons ajouter 38 jolis milles à la chose. Mettons donc 6 heures. Plus les 4 de tantôt. Ça en fait dix non ? Si départ à 09h15, arrivée prévue, disons à 19h15. Arrivée prévue où ? À Tadoussac ? Et la contrainte d'arrivée à Tadoussac, déjà, c'était quoi donc ? « Arrivez au phare du Haut-Fond Prince précisément 2 heures après la basse mer à Pointe-au-Père. » Donc, il nous faut nous pointer à la Toupie à 13h45. En partant de l'Isle-aux-Coudres 4 heures plus tôt ? Malades ???

Plan B. Le plan retenu. On considère l'arrivée au Haut-Fond Prince nécessaire à 13h45. Pas question de quitter le quai à 9 heures. On sortira de la Marina dès que l'eau sera revenue sous le bateau après la basse mer de la nuit. Le maître de la Capitainerie nous avait dit hier que pour notre tirant d'eau, on pourrait quitter dès 04h30. La pleine mer s'amènera ici à 06h15. Alors...

Larguez les amarres !

Il est 05h15. Pas encore l'étale lorsqu'on arrive dans le chenal. Pour contrer les effets des derniers efforts du flot, qui peuvent encore se payer 2 ou 3 nœuds dans le milieu du chenal, on se colle autant que possible au flan de l'île. Normalement, ça devrait suffire à ce que l'on ait à combattre 1 nœud de courant, pas vraiment plus.

---

[21] À condition que l'on suive la recommandation d'un départ 4 heures après la pleine mer à Pointe-au-Père. Sinon, on peut avoir affaire à 7, voire 8 nœuds de courant.

Le soleil se lève doucement à l'horizon. Le Fleuve nous offre un matin magnifique. Un cadeau des Dieux. Signe du jour sans doute. C'est du moins ce que je me dis et ce que j'espère me rappeler à nouveau si jamais ça change...

Il fait vraiment froid par exemple. Nous ne pouvons même pas nous permettre d'enlever nos gants de laine polaire. Surtout pas celui qui tient la barre. Le flot est plus fort qu'on l'avait imaginé. On n'est peut-être pas assez proches de la côte de l'île mais à cause du profil de la côte, on n'ose pas. On est peut-être partis une petite heure trop vite finalement. Mais puisqu'on y est, on en profite pour... en profiter !

On fixe sur pellicule la magie du moment. Instant fragile où le Fleuve Saint-Laurent s'offre en miroir discret à l'étrave de notre petit navire. On est heureux. C'est plus beau, plus grand qu'on l'avait rêvé. Insaisissable immensité...

Pour nous accueillir dignement, un petit rorqual et un béluga viennent nous souhaiter bon matin. On les salue en respirant profondément. Tout simplement. Là, l'appareil photo reste à l'intérieur de la cabine. Je m'étais promise de réserver mes premières baleines à ma seule mémoire. Je tiens avec joie ma promesse.

- Salut les belles ! On s'en va voir votre gang à Tadoussac !

On a tracé notre route hier et programmé tous les points dans *Garoù*. Avec plus d'attention qu'on l'avait fait pour traverser les îles. L'expérience, elle, a commencé à tracer sa route en nous.

Depuis le départ de ce matin, notre vitesse se maintient à un niveau assez horrible. Il est déjà plus de 06h30 lorsque nous voyons la Pointe du Bout d'en Bas par notre travers tribord. Plus d'une heure pour parcourir moins de 3 milles. En nous éloignant de l'île, nous nous butons à des courants ayant encore 2 à 3 nœuds de puissance. Ce qui nous laisse un minable 2,1 nœuds de progression sur le fond. La réalité des lieux nous fait payer notre impatience de partir en de longues demi-heures pas payantes.

À quelque 2 milles au Nord-Est de la Pointe du Bout d'en Bas se trouve une zone considérée parfois « dangereuse » selon notre Guide de météo marine. Par vent du Sud-Ouest, le secteur offre une mer croisée du Sud-Ouest et de l'Ouest, au large. À marée montante, cela provoque parfois d'importantes vagues déferlantes. Puisqu'on ne savait pas le temps qu'il ferait ce matin au moment où l'on a choisi notre route hier, on a joué de prudence. Notre route nous fait passer un mille au Nord de la Pointe et, en nous maintenant tout de même à 3/4 de mille de la côte, nous permet d'éviter le secteur des clapots ou les vagues menaçantes annoncées. Mais à partir d'ici, chaque cap, chaque relief de la côte nous réserve ses caprices. S'agit d'en être conscients. 3,5 nœuds sur le fond devant Cap à la Fourche. Ça s'en vient.

On remarque enfin l'étale juste avant le Cap aux Oies. Pas trop tôt. Facile à remarquer cependant à cause des ronds dans l'eau. Par un petit temps presque sans vent comme maintenant, le changement de marée ne se fait pas déranger par les vagues et se laisse calmement observer par les curieux nouveaux navigateurs que nous sommes.

Changement de carte. Cap de la Tête au Chien à Cap aux Oies. À partir d'ici le Fleuve va s'élargir jusqu'à atteindre une dizaine de milles de largeur vis-à-vis Saint-Siméon. On dirait qu'en même temps qu'on change de carte, le temps change aussi. Le vent commence à souffler doucement. 10 nœuds peut-être. Du Sud-Sud-Ouest. Juste assez pour ouvrir le génois. On ne coupe cependant pas le moteur : les contraintes d'arrivée à Tadoussac ne nous permettent pas grand' flexibilité quant au temps que l'on doit mettre à parcourir la distance qui nous en sépare. Ce matin, il n'y a que le moteur pour nous garantir une vitesse moyenne contrôlable et raisonnable. Alors, on roule à moteur.

Pointe-au-Père est situé environ 2 milles en aval de Cap-aux-Oies. On y passe vers 08h00. On ne profite pas encore vraiment du jusant. Je ne comprends pas pourquoi d'ailleurs. Mais d'ici une heure, ça devrait commencer à nous pousser un peu. En attendant, le vent souffle un peu plus fort. Et à partir de Saint Irénée, ça se met à brasser gaiement. Pas la fin du monde, mais un beau thrill. Vent de cul. La mer tend à se former. Le *Griserie*, lui, tend à surfer. Mais René a le contrôle et ça se passe bien.

À l'approche de Cap-à-l'Aigle, je retourne à mes calculs et estimations. On a perdu beaucoup de milles par rapport à nos prévisions et ce, vu qu'on n'a pas profité du tout du jusant depuis l'Isle-aux-Coudres. On est vraiment partis trop tôt. Et on ne s'est pas tenus assez près de la côte de l'île. Il me semble que notre arrivée au Haut-Fond Prince pourra difficilement se faire dans les temps. Enfin, ça demeure possible. Si seulement je savais que ce vent qui forcit allait se stabiliser bientôt. Parce que là, ça brasse en 'tit-pépère. Je quitte la table à cartes pour venir partager les nouvelles données avec René. De l'intérieur, j'avais remarqué que ça brassait encore plus que tantôt. C'est au moment de sortir que j'en deviens absolument convaincue.

Le *Griserie* monte et descend dans les vagues. La couleur de l'eau est magnifique. Un joli émeraude, comme la pierre d'un bijou de mai. Sauf que quand je regarde René à la barre, à la hauteur de ses beaux yeux saphir, je vois les crêtes de vagues qui nous courent après. Les vagues derrière le bateau montent à 6 pieds ! Là, je ris jaune. René tente un sourire pour me rassurer mais un petit rictus au creux de ses lèvres le trahit un peu. C'est qu'on a presque le mal de mer tous les deux. Les vagues, prises de l'arrière, nous font toujours un peu plus d'effet sur la cause équilibre, source, à mon avis, de la nausée qui s'en suit. Si je regarde vers l'avant, je me sens un peu mieux, mais je n'arrive pas à m'arracher les yeux de ces trombes d'eau qui nous talonnent. Pourvu que René réussisse à tenir le bateau bien droit. J'imagine le scénario s'il fallait qu'on se fasse ramasser de travers par un de ces monstres...

- Minou, tu penses pas qu'on devrait se contenter de Cap-à-l'Aigle ? (je commence toujours mes phrases par Minou quand j'ai une faveur à lui demander !)
- Ben, tu voulais pas qu'on se rende à Tadoussac ?
- Ouais ! Je voulais me rendre ! Mais si le vent forcit encore davantage, j'ai peur qu'on ne se rende pas nulle part... René, je commence à avoir un peu peur. Pis j'ai mal au cœur. Tu penses pas que ça commence à être dangereux ?
- Dangereux ? Non. Le bateau peut en prendre encore beaucoup plus que ça. Impressionnant ? Ça oui, j'en conviens. Mais je sais aussi que si on lâche maintenant

pour arrêter à Cap-à-l'Aigle, on met presque définitivement une croix sur Tadoussac. Avec le temps prévu pour les deux prochains jours, tu sais comme moi qu'après, on va commencer à remonter et on ne sera pas allés à Tadoussac. Je sais que ça swing pas mal et qu'on n'est pas habitués à ça. Mais honnêtement, je pense qu'il faut s'attendre à ça dans ces secteurs et que c'est probablement normal. Si tu as trop peur, on peut s'arrêter. On se sera rendus jusqu'à Cap-à-l'Aigle. C'est déjà beaucoup. Mais je sens bien le bateau, je me sens bien avec le bateau et je sais qu'on peut y arriver. À toi de choisir. »

Je rentre dans le bateau sans dire un mot. Direction, la pharmacie. Je ressors un instant plus tard en soupirant et en souriant, une Gravol à la main (pas d'eau parce que ça brassait tellement en dedans que je risquais de me faire mal en revolant partout).

- Ok mon ange. Je te fais confiance. Mais c'est trop pour moi. Si tu décides de continuer, il faut que tu considères que tu seras seul à bord. Moi, j'avale une Gravol, pour calmer mes nausées mais pour me calmer moi-même surtout. Je ne serai plus utile à bord après ça. Mes nerfs abdiquent. Continue seul. Moi je vais juste admirer le paysage... »

Et c'est exactement ce qui arrive. Je pense qu'à partir de l'instant où j'ai fait le choix de l'insouciance dans ma tête, je n'aurais plus eu besoin de la Gravol. Je me suis calée au fond du banc, tournée vers l'arrière. Et je me suis laissée éblouir par le spectacle. Jusqu'à somnoler. Pour René, ça demeurait du sport que de contrôler le bateau mais, il a ça dans la peau. Alors, on a filé, tout en beauté, dans cette grande eau aux couleurs des tropiques, génois ouvert toujours, avec des pointes à 10 nœuds sur le fond par moment.

Je me rends bien compte que j'ai l'humeur changeante. Un instant, je raconte la route comme une histoire de fin du monde et l'instant d'après, même jour, même lieu mais une vague plus tard, je vis l'extase de la sérénité parfaite. Je ne pense pas être excessive dans l'expression de mes impressions. Peut-être juste un peu plus sensible que la moyenne, c'est tout. En fait, la navigation à la voile nous fait goûter aux limites du plaisir. On est toujours à la limite de quelque chose dans le fond. À la limite d'aller toucher le lit du vent, à la limite du faseyement, à la limite de l'empannage, à la limite de virer de bord, à la limite de se rendre ou pas, à la limite de manquer de vent, à la limite que tout foute le camp par terre quand ça gîte trop. Donc, toujours à la limite de la perfection ou de la catastrophe. Y'a pas à s'en sortir. Et ça nous rend heureux. Il est grand le Mystère de la Voile...

Alors on poursuit notre route. Direction Tadoussac ou rien. Peu de temps après la Gravol, le téléphone cellulaire sonne. Depuis le tout début des vacances, on a pris l'habitude de donner un coup de fil à chaque jour au père de René qui, à bord de son Ducky, fait route derrière nous. Aux dernières nouvelles, c'est-à-dire hier quand nous étions à l'Isle-aux-Coudres, ils étaient à Québec. Avec tous ces vents d'Est et cette pluie qui nous sont tombés dessus depuis samedi, ils sont restés collés à Québec avec l'envie de rebrousser chemin et de retourner à Oka. Notre présence à l'Isle-aux-Coudres les a peut-être un tantinet chicotée cependant.

J'ai donc beau-papa au téléphone.

- Ouais ! Fait pas pire aujourd'hui. Vous êtes où ?
- On devrait partir de Québec tantôt, après le montant. On va peut-être essayer de se rendre à l'Isle-aux-Coudres, ça va dépendre du temps. Est-ce que je peux parler à René ?
- Euh...

René, c'est ton père. Prends-le...

- Non. Peux pas. Besoin de mes deux mains. À moins que tu barres ?
- Euh... beau-papa, c'est que... René fait dire qu'il en a plein la gueule juste à tenir la barre en ce moment. Et pas question que je prenne sa place. Ça brasse assez ici que j'ai pris une Gravol. J'avais trop peur pis trop mal au cœur. Là, je m'endors un 'tit peu. R'gardez ben, si jamais on se rend à Tadoussac, on vous rappelle ok ? Pis si non, ben on vous rappelle pareil. Bonne route. Bye.

J'ai senti dans sa voix qu'il était inquiet. Je m'demande bien pourquoi...

On poursuit notre route, comme si rien n'était. À part le fait que j'ai l'impression que le nez du bateau va s'arracher à chaque fois qu'il plante au creux d'une vague. On file vers notre 5e way point qui marque l'entrée du Parc marin du Saguenay – Saint-Laurent, pays officiel et protégé des mammifères marins. Ça y'est. 47°38'58" N 070° 05' 00" W. Je me sens aussi fière que si j'arrivais aux Canaries dans une traversée de l'Atlantique (c'est vraiment fort des Gravols !).

Devant Gros Cap-à-l'Aigle, j'ai l'impression que toutes les baleines du monde sont cachées sous le bateau et qu'elles dansent le merengue juste pour le plaisir de nous secouer, pauvre coquille de noix qui flacote à la surface ! Mais je n'ai encore rien vu. Elles doivent être en pleine séance de danse aérobic lorsqu'on passe Cap-au-Saumon. Parce que je suppose que c'est de leur faute, même si on ne les voit pas. À la pointe de ces deux caps se créent clapots et remous à certains moments du cycle de la marée. On avait vu ça dans «Les Secrets du Saint-Laurent». Sauf que la vraie menace ne devait se pointer qu'en cas de vent du Nord-Est ou d'Est, lesquels provoquent alors, à la pointe des caps, une mer croisée rendue plus détestable encore à cause de l'accélération des vents. On a pourtant encore une bonne poussée d'Ouest aux trousses. Théoriquement, il ne devrait pas y avoir de raison que ces vagues soient aussi désordonnées et monstrueuses. Serait-ce, encore ici, qu'un simple scénario « ordinaire » dans les parages ? J'ose à peine y croire. Si jamais c'est le cas, je préfère ne pas savoir à quoi ça ressemble quand ça va mal.

À 12h10, je révise notre temps estimé d'arrivée. Nous sommes à 14 milles du Haut-Fond Prince. Vitesse sur le fond : 8 nœuds et des crachins. Nous devrions arriver à la Toupie pour 14h00 plutôt que 13h45 comme il aurait fallu. Pas si mal. J'aurais préféré arriver en contournant l'Île Rouge par l'Est, en profitant des courants favorables pour une arrivée toute en douceur par le Nord-Est de la Toupie mais l'horaire nous presse un peu. En suivant la route actuelle devant nous faire passer entre la Batture aux Alouettes et l'Île Rouge, nous rencontrerons forcément un peu de résistance à cause des clapots provoqués par l'arrivée des eaux du Saguenay dans celles du Fleuve. Mais les chiffres ébranlent mes convictions. J'hésite entre une route de quelque 30 milles contre une route de moins de 15 milles. Et il faut être à la Toupie dans moins de deux heures...

Pendant que je fais tous mes calculs dans la cabine, je remarque que le mouvement du bateau change. Depuis les clapots trop sévères des deux caps, on a remballé le génois et on ne roule qu'à moteur. Je m'étais habituée à son mouvement. Mais là, il se passe quelque chose de bizarre. J'aime pas comment ça bouge.

Je sors la tête dehors juste à temps pour entendre René sacrer entre ses dents. Y se passe vraiment des choses pas joyeuses. J'arrive à ses côtés. Devinez qui est venu nous trouver ?

- Encore cet ostie de Vent d'Est à la marde !

À moins de deux heures de l'embouchure du Saguenay, revoici cette satanée catastrophe naturelle qui vient nous écœurer encore un peu. Qu'est-ce que ça veut dire ? Ça veut dire qu'on a encore une poussée d'à peu près 4 à 6 nœuds de courant dans le cul, lequel courant rencontre en chemin un joli 20 nœuds du Foutu Vent d'Est. Ka-flic, Ka-floc. C'est ça qu'ça veut dire. Ça veut dire, tiens-toi bien après les haubans, ça va swinguer mignonne !

Ça veut dire aussi que le vent va ralentir notre course et que ça sera encore plus difficile d'atteindre la Toupie au moment prévu. Et ça, ça veut dire qu'après le moment prévu, la marée montante du Saint-Laurent va ramasser au passage la tonne d'eau qui déboule du Saguenay et qu'à elles deux, accompagnées du petit sacripant, elles auraient les moyens de nous retrousser jusqu'à la maison rien qu'd'un élan. Grrrr... J'ai envie de mordre. Mais il est déjà trop tard. On est là, on n'a plus vraiment le choix.

- Instinct du navigateur ! Instinct du navigateur ! Instinct du navigateur mon oeil !!! Pourquoi j'ai pas demandé l'instinct du météorologue à la place !!!

Là, on a vraiment le vent en plein dans le nez. Il arrive du Nord-Nord-Est. Notre vitesse sur le fond ralentit drastiquement. Ça va vraiment tout prendre pour qu'on évite le début du montant. On voit enfin le Pilier du Haut-Fond Prince, ma fameuse Toupie, ce qui a le don de me calmer un peu. Je l'ai tant rêvée que la voir enfin me soulage et m'apaise. On y est presque. On a tellement joué autour dans le cadre de notre cours du printemps passé que la Toupie n'était plus qu'un trou usé par les compas sur la carte. Et tout d'un coup, elle est là, en trois dimensions, prête à nous accueillir.

On a encore le vent dans le nez et de moins en moins d'aide de la part du jusant. Mais ça n'a plus d'importance. Je rigole en regardant les moutons de vagues tout autour et gage avec René qu'il n'est pas capable de voir une baleine dans tout ce brouhaha. Presque au même moment, ce n'est pas une baleine mais un troupeau de bélugas qui vient à notre rencontre. On a les yeux ronds et on ne respire plus. Elles sont peut-être une cinquantaine, sinon plus. On ne voit que leur dos mais il y en a tellement que ça dessine un grand cercle tout tacheté de blanc sur l'eau. Rien à voir avec les crêtes des vagues qui, tiens donc, ne me dérangent soudainement plus du tout !

Le troupeau vient jusqu'à une cinquantaine de pieds, pas plus, sur notre travers tribord. Et on en voit un deuxième, un peu plus loin devant. Plus un grand dos gris au loin. Ouf ! Majestueux Saint-Laurent, quand tu décides de jouer les séducteurs, aucune peur peut te résister. Tu es magnifique.

De meilleure humeur, nous portons une attention toute particulière aux nouvelles données, compte tenu de notre ralentissement dû au vent. Le temps presse. Notre prochain way point devait nous faire passer à l'Est de la Toupie, jusqu'à 1/3 de mille avant la bouée de mi-chenal Saguenay. Ensuite, nous remontions vers l'entrée du Saguenay, laissant la bouée verte S3 à bâbord pour ensuite nous rendre jusqu'à la Marina. Mais à notre vitesse actuelle, avec cette route, nous nous pétons la gueule à coup sûr dans le flot autour de la mi-chenal. Renez dans les cartes.

- C'est pas catholique mais ça se fait. On va passer à l'intérieur de la Toupie, du côté de la Batture aux Alouettes. En plein dans le Haut-Fond Prince. On voulait venir à la Toupie, ben on va y aller. Au pire, il reste toujours ben une douzaine de pieds d'eau. Assez pour nous autres. La bouée verte qui est là ? Tant pis pour elle. Y'a de l'eau autour si on ne s'en éloigne pas trop. Faque, on pique en ligne droite à partir d'ici et on passe du mauvais bord des bouées. On n'aura pas appris à lire les cartes pour rien. Là, faut juste savoir les interpréter à notre avantage.

Dans un scénario normal, ce choix n'aurait pas fait partie des options envisagées parce qu'il impose un peu plus de clapots. Mais pour nous, à date, il n'y a pas grand chose qui semble vouloir se dérouler normalement.

Aussi, escortés par quatre troupeaux de bélugas, nous entrons officiellement dans le Fabuleux, par la porte d'en arrière.

On a le sourire fendu jusqu'aux oreilles quand on voit s'approcher la ligne de clapots marquant la rencontre des eaux des deux Grands. «Les Secrets du Saint-Laurent» précisent que par vent d'Est, à marée descendante, les conditions sont dangereuses à l'embouchure du Saguenay. « Conditions dangereuses. Secteur à éviter. » Et nous autres, beaux oiseaux du paradis égarés dans cet univers d'eau, on est en plein dedans, ben crampés! Contents! Joyeux! On s'est vantés autant comme autant qu'on allait faire les choix qui s'imposeraient pour ne pas se trouver dans des situations difficiles. Et on a tout planifié. Tout prévu. Tout respecté... Mais le temps s'en fout éperdument. Il se fout même la gueule du gars de la météo puisque personne n'a vu venir ce vent d'Est. Ben coudonc. Décidément, le cours pratique va bien au-delà des attentes. Je n'en demandais pas tant. Le plus merveilleux cependant c'est que je n'ai plus peur : je m'amuse comme une petite folle.

Nous voici donc à quelques mètres de la première ligne de clapots, rebaptisée pour l'occasion « la machine à laver ». Une ligne franche, qu'on dirait presque découpée aux ciseaux. Une barre dans l'eau, sortie de nulle part. Le sas entre l'eau verte et l'encre noire. Le portique du Saguenay. Comme si les deux plans d'eau étaient dédaigneux l'un de l'autre et qu'ils demandaient aux embarcations de tremper dans un bain de pieds gigantesque avant de pénétrer dans son territoire. Pas croyable. Le phénomène nous fascine et nous hypnotise à la fois. Mais pas assez cependant pour m'empêcher d'aller ramasser la caméra vidéo pour garder cette image en souvenir (et la montrer à tout le monde en revenant, évidemment!). Je ne tiens pas longtemps derrière la caméra puisqu'à peine quelques instants plus tard, le *Griserie* monte en équilibriste en haut du clapot et en retombant, m'envoie un paquet de mer en plein nez. Sur le vidéo, j'ai juste le temps de crier en riant pendant que je pousse la caméra sous le rouf à bout de bras. En d'autres mots, on n'y voit pas grand chose, à part le fait qu'on a du fun. Sans le clapot, l'embouchure du Saguenay nous aurait presque semblée décevante : trop banale, pas à la hauteur de sa réputation. Mais dans ce bouillonnement précis et pourtant totalement incontrôlable se dévoile le mystère des tonnes d'eau sombre et profonde débouchant du Saguenay rencontrant simplement l'eau salée du Fleuve, salée et refroidie de façon magistrale par la remontée soudaine des eaux balancées du Nord par le courant du Labrador.

On se tape une autre saucette dans un deuxième bain tourbillon un peu plus loin. Moins fort que le premier mais tout aussi magnifique. Les crêtes des clapots, qui s'illuminent dans le soleil, sorti exprès pour souligner notre arrivée, ont des allures de diamants qui se feraient brasser dans un tamis par des chercheurs d'or mélangés. Et oups ! l'instant d'après, on retombe en eau presque calme, laissant la ligne blanche à sa place, derrière nous. On vient de passer du bon côté des choses on dirait.

On nous attend à notre emplacement à quai. Heureusement sinon, je n'aurais pas cru qu'ils nous demandaient d'accoster là. Du stationnement en parallèle en bateau, je n'ai pas vu ça souvent. Avoir su, on se serait fait poser deux hélices d'étrave ! Bon. Ils savent ce qu'ils font. Évidemment, on fait l'approche finale à bras, en tirant les amarres depuis le quai. Et ça finit par rentrer. Je fixe les amarres aux taquets. René coupe le moteur et descend me rejoindre sur le ponton. On a toujours nos bas de laine, nos gants, nos manteaux... lorsqu'on réalise que les gens sont en shorts et en chandails ! Youppi ! C'est l'été !!!

Amarrés à 15 heures. 9h30 de route depuis le départ. Toute faite au moteur, appuyé par le génois pendant le quart du temps. Loch du jour : 63 milles nautiques. *Bidoune* se calme doucement. Il s'est fait brasser la gueule en masse aujourd'hui, et dans tous les sens. *Garoù* va aller faire dodo jusqu'à la prochaine fois. Il nous boude un peu vu qu'on n'a pas suivi ses instructions pour les derniers milles. Pas grave. On va lui payer des batteries neuves demain, ça va lui faire plaisir.

Avant le prochain départ (qui ne sera sans doute pas avant lundi) il nous faut recharger les batteries, vérifier l'angle du silencieux, solidifier les câbles de la barre à roue, revisser le presse-étoupe, faire le plein de diesel, vérifier l'huile, vider le réservoir septique, faire le plein d'eau potable, aller à l'épicerie, prendre un peu de chaleur, se reposer, lire, dormir, visiter Tadoussac, prendre des marches, aller au resto, prendre une bière...

Tiens, mais où est Anthony ? Trop prise par l'instant, je n'ai pas pris le temps de regarder autour de nous. Il n'a pas l'air d'être là. Il doit être parti en zodiaque avec un groupe d'excursionnistes. Ce qu'il va être surpris en nous voyant tantôt ! J'avais même prévu l'appeler par radio lors de notre approche de la Marina. Mais comme j'ai dû utiliser le téléphone cellulaire, encore une fois, pour m'annoncer à la Capitainerie, ça n'était pas la peine d'essayer.

J'avais pourtant imaginée la scène depuis longtemps.

- Bateau Ivre, Bateau Ivre, Bateau Ivre. Ici *Griserie*, *Griserie*, *Griserie*. Sortez la bière capitaine, on arrive !

Mais je ne l'ai pas fait. Et je ne le ferai jamais non plus. En nous promenant sur les quais, on trouvera bien vite le bateau d'Anthony. Et on trouvera qu'il a l'air bien abandonné. On y laissera une note, attachée avec une épingle à linge : « Salut Bateau Ivre. Regarde 5 bateaux derrière toi et viens nous trouver quand tu veux. *Griserie* ». Notre note restera sans réponse. Même la suivante, laissée quelques jours plus tard et lui annonçant notre départ, restera sans réponse aussi. Pour plusieurs mois d'ailleurs. Dommage. Mais pas grave.

En attendant donc, on se balade sur les pontons de la Marina de Tadoussac. Fiers vous dites ? En majuscules S.V.P. ! Nous sommes si heureux d'être là. Nos 6 mois de préparations et de rêveries n'ont pas été vains. Mission accomplie, au-delà des espérances. Le *Griserie* flotte dans l'eau de Tadoussac. Tadoussac. Wow. On a réussi. J'ai de l'eau salée dans les yeux en levant mon verre de porto.

- À Tadoussac mon amour. Au plaisir d'être ici. Au bonheur d'avoir réussi. Au miracle de nos rêves. Pour que l'on en ait toujours...

Je flatte le flanc de notre *Griserie*. Il est beau et fier. Fort et fidèle. Pauvre petite pitoune de 23 pieds. Il a peut-être eu chaud de temps en temps lui aussi ? C'est drôle mais je croirais que non. On dirait que je l'entends ronronner d'aise. « Enfin, vous m'avez donné de l'eau. Merci. Je respire. » Il a l'air bien. Complètement à sa place. Et nous aussi d'ailleurs.

Coup de fil à tout le monde. Beau-papa d'abord. On l'avait un peu oublié depuis Cap-au-Saumon. La dernière fois que je lui ai parlé, je ne sonnais pas beaucoup « la croisière s'amuse ». Je songeais presque à rebrousser chemin pour rentrer à Cap-à-l'Aigle. Heureusement que René nous a protégés de ma bêtise. Là, il parle à son père au téléphone.

- Salut. Ben 'pa, on est rendus à Tadoussac ! On s'est fait brasser le sifflet en cours de route, on s'est tapés du vent d'Est encore une fois, de la mer croisée, du clapot... y'a pas grand chose qu'on n'a pas eu, mais on est rendus ! Et vous autres ?

Ils ont quitté le Bassin Louise en fin d'avant-midi. Ici, je dois rappeler que le Ducky est un bateau moteur et qu'avec ses quelque 12 ou 13 nœuds de vitesse surface la planification de ses routes dépend moins des mouvements de marée que nous, avec nos 5 ou 6 petits nœuds. Sans aller jusqu'à dire qu'il peut partir à n'importe quel moment, je dirai simplement que, bien décidé, il peut effectivement le faire. Et il serait fou de s'en gêner. Dans ces cas, sa progression peut se trouver ralentie, c'est vrai, mais jamais assez pour lui laisser moins de 4 ou 5 nœuds sur le fond, ce qui est déjà beaucoup plus que nous, dans plusieurs de nos « scénarios idéaux ». Le hic pour le Ducky n'est donc pas la vitesse de sa course mais bien le mouvement des eaux dans lesquelles il se retrouve lorsqu'il part à n'importe quel moment.

Aussi, lorsqu'on lui parle au téléphone, l'équipage du Ducky se pointe à Cap-à-l'Aigle.

- Wow! Méchante belle journée 'pa! J'suis content de savoir que t'es rendu là. On avait peur que tu sois r'parti vers Oka...

Ils étaient un peu pas mal tannés du temps ces deux-là. Je pense qu'on a peut-être un peu provoqué leur départ de Québec en leur donnant le goût de continuer. Tant mieux. Ça aurait été vraiment trop dommage de lâcher alors qu'il était si près du but. Tant qu'à avoir fait tout ça. Laisser le meilleur ailleurs aurait vraiment été trop bête. Sauf qu'il est vrai qu'une journée pluvieuse en bateau, coincé en ville, quand t'es pogné pour écouter la télé (parce que t'en as une à bord) ça ressemble étrangement à être pogné pour écouter la télé dans la maison, mais en plus compliqué et plus restreint. Pis vu que t'as pas le câble, t'es obligé de te trouver un club vidéo dans le coin parce que t'as juste deux postes... Pas l'fun.

- Ouais, j'suis pas mal content d'être parti de Québec. Pis c'est beau la côte ici hein? Devant l'Isle-aux-Coudres, c'est grandiose de voir les montagnes de Charlevoix. Mais on a pogné d'la mauvaise mer dans l'bout d'la P'tite-Rivière-Saint-François par exemple... C'était pas beau à voir.

J'comprends. Ils se sont pointés là à peu près au plus fort du montant, à l'heure où le vent soufflait encore solidement du Nord-Ouest. Ma petite bible des «Secrets du Saint-Laurent» en dit quoi? « Fort clapot. Secteur à éviter par vent plus fort (que 15 nœuds, du Sud-Ouest). Dangereux. » Enfin...

À cette heure, on est tous en sécurité, amarrés à des pontons bien solides. C'est tout ce qui compte.

Coup de fil ensuite à mes maman, papa. Ils sont hyper contents d'apprendre qu'on l'a fait. Je sens qu'ils sont fiers de moi. C'est un peu comique. Mon père, tout père-poule qu'il est, et ma mère, anxieuse extrême depuis toujours, tous les deux s'excitent de chacun de nos déplacements. Excités comme dans contents. En fait, papa est sans doute un peu plus sur les nerfs (vu qu'il me dit encore de faire attention en traversant la rue !) mais ils sonnent surtout joyeux. Bien après, ma mère m'avouera n'avoir pas eu peur un seul instant, à son grand étonnement d'ailleurs. Sa confiance en notre bon jugement et notre prudence ont suffi à la rassurer tout au long de notre voyage. Good.

Un dernier téléphone : Monique et Alain.

- Hey salut les okois ! Devinez quoi ? On a enfin bougé. Dans l'autre sens ! Pis on est rendus !

Je les entends s'entre-voler le téléphone à l'autre bout du fil. Ils s'arrachent de nos nouvelles ! Comme on leur a pas mal partagé l'évolution de nos préparatifs, je pense qu'ils se sentent un peu du voyage. Je l'espère en tous cas. Nous, nous avons dans nos cœurs un peu de tous ceux que nous aimons. Nous aimerions qu'ils vivent avec nous toute cette intensité dont nous profitons depuis le départ. Mais précisément parce qu'on les aime, fallait les laisser chacun chez eux !

Petite visite exploratoire de Tadoussac. En fait, ce n'est pas notre visite qui est petite : c'est Tadoussac. Je ne sais pas si c'est parce qu'on avait hâte de se dégourdir les jambes mais il me semble qu'on en fait le tour en 10 minutes. On se déniche un restaurant avec terrasse. On s'y installe, même s'il vente à soulever les napperons et faire tourner le parasol. Déjà que j'ai le roulis d'être sur le plancher des vaches, s'il fallait que je m'assoie à l'intérieur je pense que ça suffirait à me faire avoir mal au cœur. J'ai besoin de sentir l'air, et j'ai besoin de voir l'eau. Je me sens déjà bien loin du bateau. On dirait que voir l'eau à travers les branches des arbres me rassure un peu. En attendant d'y revenir.

On ne s'attarde pas au restaurant. On est pas mal trop fatigués pour avoir envie d'être sur le party. Déjà que ce n'est pas vraiment dans notre nature...

Alors hop! Au bateau. Nous dormons comme des anges, sur un nuage d'eau salée. Je sais que tout à côté, les baleines se promènent. On est dans leur lit. Bonne nuit.

* * *

Vendredi, 21 juillet. 48° 08' 14" N   069° 42' 51" W. Alléluia. Je n'ai pas rêvé. Nous sommes bel et bien à Tadoussac. Le jour se lève doucement sur la baie alors que la plupart des bateaux dorment encore. Nous adorons profiter en cachette de ces petits moments si précieux, si parfaits. Le privilège semble encore plus grand quand tous les autres dorment. Comme lorsque enfant, on se réveillait le premier pour voir les cadeaux laissés sous l'arbre par le Père Noël. Une douce impression d'être dans les secrets des Dieux.

Promenade silencieuse jusqu'au bout du quai fédéral. Et vers la Pointe de l'Islet par le Sentier de la Pointe.

On s'assoit sur les galets, face au large. Ni René ni moi n'osons prononcer un mot. Nos coudes qui se frôlent se racontent tout bonnement ce qui nous passe par la tête. Nous nous sentons « comme-unis ». En pure « communion » ? Nous sommes tous deux absorbés par nos pensées, et pourtant totalement ensemble. C'est délicieux. Nous ouvrons la bouche juste le temps de se dire : « Tu vois les bélugas ? T'as vu ce dos, juste là ? Regarde : on dirait que la Toupie nous regarde. T'as vu le soleil ? L'effet qu'il donne à l'île Rouge ? »

Et nous on est là. Arrivés avec notre petit bateau. C'est presque incroyable !

Surtout quand je pense que l'été dernier, à pareille date, j'avais presque peur de sortir sur le Lac des Deux-Montagnes dès qu'il ventait un peu fort. Ou qu'il y avait des nuages, au cas où ça amènerait un orage... C'est fou ce qu'on peut changer, par la simple force du désir.

Pourtant, ce n'est pas si étonnant que ça dans le fond. Quand ton horizon a un mille de profondeur, aller un mille devant, c'est aller au bout du monde. Du moins, au bout de ton monde. Et je pense que j'en étais là. J'ai passé 10 ans à regarder la côte de la Pointe Cavanah s'étendre un mille devant moi. C'était le plus loin que je pouvais voir. Atteignable en patins à glace l'hiver mais mon bout du monde quand même. M'y rendre en bateau devenait de plus en plus exigeant. Quand on dépassait la Pointe et qu'on osait se rendre jusqu'au fond de la baie de Vaudreuil, bon sens, c'était quasiment la fin du monde ! Je charrie, mais à peine. Et le vent a viré, en ce jour de janvier dernier, au moment où Anthony m'a fait prendre la barre, au départ de Sainte-Anne en

Guadeloupe. Bout pour bout. Tout à coup, la même Pointe Cavanah, hier si loin, s'est mise à me couper l'air, à m'empêcher de voir. À m'empêcher de voir l'eau surtout.

Quand René et moi avons commencé à songer au Fleuve, avec Tadoussac en filigrane, nous avions presque l'air de délirer. Et au fond, avec un peu de recul, nous nous demandons même quelle force nous a poussés vers l'avant, contre toutes attentes. Tenant têtes à toutes ces rumeurs qui terrorisent les plaisanciers. J'en ai entendu tellement nous dire : « Tu vas voir, paraît qu'elle est pas drôle la Petite Rivière Saint-François. Et le Cap Maillard. Y'a plein de monde qui passent proches de chavirer dans ce bout là ». Que c'est dommage. Ils se privent de réaliser leurs rêves, juste parce que personne ne leur a dit qu'ils ne seraient pas obligés de passer à 1/2 mille de la côte à contre-courant par fort vent contraire. Ils s'empêchent de se réaliser parce qu'ils n'entendent que les histoires qui font peur. Évidemment. On dit bien que « les gens heureux n'ont pas d'histoires » non ? À part ces quelques situations extrêmes, un voyage sur le Fleuve ne se raconte pas aisément en trois minutes, avant la régate du samedi matin au Club Nautique du coin !

Le Fleuve impressionne et imprègne ses passagers d'un espèce d'état de contemplation presque méditative qui ne se partage pas en quelques phrases. Alors, qu'est-ce qu'on peut répondre dans ce cas à quelqu'un qu'on croise sur un quai et qui demande : « Pis ? Vous avez dû vous faire brasser hein ? » Alors, on peut répondre : « Ouais ! Pas mal ! » C'est simple, efficace, et en plus, ça nous fait passer pour des héros. Ou on peut répondre : « Euh... bien nous, nous avons choisi de ne pas emprunter le chenal, comme tout le monde, pour plutôt traverser le Fleuve par l'archipel de l'Isle-aux-Grues, ce qui nous permettait de profiter d'un décor incroyable, loin de le route des cargos et à l'abri des phénomènes particuliers qui habitent le littoral du chenal de la ... » Ben non. Alors qu'est-ce qu'on fait ? On dit que c'était terrible et tout le monde est content, ou on choisit d'écrire un livre de deux cent pages pour expliquer pourquoi on l'appelle le Majestueux. J'avoue qu'encore une fois, ce n'est pas le chemin le plus fréquenté ! J'espère simplement de me rendre à destination...

Après notre paisible promenade et quelques délires méditatifs sur notre présence ici, nous revenons sur les quais.

On voit arriver une beauté de voilier. Un Corbin, 38 ou 40, je ne sais pas. Très très équipé merci. Une coque norvégienne, à la Joshua. Cabine de pilotage intérieure, flat deck, radar, éolienne... Le capitaine sort juste à temps pour nous éviter d'échapper nos mâchoires à l'eau. On doit avoir l'air de deux 'ti-culs qui n'ont jamais vu un bateau de proche de leur vie. René le salue. Le capitaine, en homme de la vie, prend le temps de nous sourire et se laisse la curiosité de venir vers nous. Il nous raconte, les yeux tournés vers le large, les beautés qu'il vient de découvrir pendant son escapade à travers l'archipel de Mingan. Son esprit est encore là-bas lorsqu'il nous confie y avoir découvert un monde encore plus beau et fascinant que tout ce qu'il a pu voir en de précédents et nombreux voyages dans les mers du Sud. La flore de la Minganie semble rivaliser avec les plus merveilleux jardins tropicaux. Garanti, nous irons là un jour. Un jour pas trop lointain si possible.

En reprenant notre promenade, nous rencontrons ensuite un autre capitaine, croisé quelques fois à Berthier-sur-Mer. Hier, lorsqu'on s'amarrait ici, on les a vus, sa conjointe et lui, courir dans tous les sens en plein état de panique. Avec raison. Depuis deux jours, les vents ne permettaient pas aux bateaux de s'accoster aux pontons. Tous les bateaux qui arrivaient ici se voyaient forcés de mouiller dans la Baie. Ils ont dû faire de même avec leur voilier. Mystère étrange, l'ancre a tenu le coup pendant le mauvais temps mais hier, alors que l'équipage placotait sur les quais, l'ancre s'est mise à chasser, traînant traîtreusement le bateau vers le large. Un voisin de bateau a remarqué la chose et est venu prévenir le capitaine que son bateau se préparait à prendre le large, sans lui. Mon cœur se serre juste à y penser. Heureusement, le capitaine a rejoint le fuyard à temps pour remonter l'ancre et mettre le moteur en marche avant que le bateau n'aille se fracasser dans les galets de la Pointe Rouge. Le coquin maintenant bien amarré au ponton, ses propriétaires nous racontent l'anecdote en souriant. Mais on a tous mal au ventre rien que d'y penser.

On poursuit notre jasette avec eux en leur parlant de nous. Ils nous ont vus aussi à Berthier-sur-Mer mais ne s'imaginaient pas que nous pouvions venir de si loin. Pour tous ceux qui vivent en aval de l'Île-d'Orléans, tout ce qui est en amont de Trois-Rivières est à l'autre bout du monde. À chacun sa Pointe Cavanah. Ils nous félicitent donc d'en être arrivés là et en profitent pour nous partager quelques-uns de leurs petits secrets. Depuis les années où ils naviguent par ici, ils ont vu bien des jolis coins. Celui à ne pas manquer serait apparemment l'Anse Saint-Jean, à quelques dizaines de milles en amont, sur le Saguenay. Ils ne sont pas les premiers à nous en vanter les beautés. Nous avons rencontré un autre gars sur les quais qui nous a dit, lui aussi, de ne pas manquer ça. Celui-là fera aussi partie de nos souvenirs marquants. Encore un messager. Le bonhomme (j'ignore pourquoi mais il me semble qu'il devait s'appeller Jean-Yves) vit à Rivière-du-Loup. Capitaine de bateaux, il a parcouru beaucoup de millage, mais toujours avec les bateaux des autres. Jamais n'a-t-il possédé lui-même un bateau. Il s'embarque comme capitaine pour des convoyages, vers les Antilles principalement. Cet été, il a été engagé pour faire le ménage et la surveillance de nuit à bord d'un bateau de croisière qui reste au mouillage dans la baie de Tadoussac à chaque nuit. Le jour, ce barbu blanc descend à terre avec son petit baluchon à l'épaule et erre, au gré des vents, à la découverte de nouvelles têtes, faute de nouvelles terres. Et il a remarqué les nôtres.

On a passé un bon bout de temps à bavarder avec ce peut-être-Jean-Yves. Un autre passionné du Fleuve. Un autre dont les yeux s'allument lorsqu'il parle des caprices de notre majestueux Saint-Laurent. Notre itinéraire le ravit. Il applaudit notre détermination et entreprend de nous convaincre qu'une ovation d'émerveillement nous attend, à quelques milles d'ici, juste un peu plus haut, au cœur de la démesure du Saguenay et de son Royaume de l'Anse Saint-Jean...

Il doit être environ 11 heures lorsqu'on revient au bateau. Ces rencontres nous ont troublés. Ce n'est que vendredi encore aujourd'hui. Tout juste le milieu des vacances... Un regard silencieux entre René et moi, un sourire complice et ça y est. On ressort encore cartes et Atlas. À chaque soir, je regarde les heures de marées du lendemain pour l'endroit où l'on est. J'écris ça sur un post-it et l'accroche bien à la vue dans le carré, près de la porte, juste au dos de *Bidoune*. Le billet qui est là aujourd'hui nous dit : basse mer à Tadoussac prévue à 12h53. Pour grimper le Saguenay, il nous faut sortir d'ici à 14 heures.

René attaque la liste des vérifications mécaniques pendant que je cours à la Capitainerie acheter la 1203, carte du premier tronçon du Saguenay. Retour au bateau. Vérifications des distances en fonction de l'étale à l'embouchure... Il est vraiment trop tard pour reculer. On ne s'en sortira pas : l'Anse Saint-Jean nous appelle. Il faut y aller.

On file à l'épicerie pour quelques provisions fraîches. On surveille l'heure. Lunch de sandwichs avalés d'un trait. On surveille l'heure. La route est tracée et *Garoù* programmé. On surveille toujours l'heure. On est prêts. Pas l'heure. Tant pis pour elle. Nous ne serons plus là lorsqu'elle arrivera !

On décolle à 13h30. Environ 30 minutes avant la renverse de la marée qui aurait dû nous aider à passer l'entrée du Saguenay. Mais l'étale a débuté. C'est quand-même plutôt mou autour de nous. On voit bien une ligne de clapots, près de l'îlet aux Alouettes, mais si loin de nous qu'elle ne fait qu'enjoliver le paysage. Elle ne nous concerne pas. En moins de deux, on est à la hauteur du traversier Tadoussac — Baie-Sainte-Catherine. Et c'est parti mon kiki ! En route vers le Royaume de l'Anse Saint-Jean !

Description des conditions météo ? Ok. Soyez sans crainte, je serai brève : y vente encore du mauvais bord batarnak ! Nord-Ouest à 15 – 20 nœuds ! En pleine gueule. Pas moyen de lever un seul bout de toile à moins de tirer des bords pendant 100 lieues. Et il fait gris. Le *Griserie* vivra sa première remontée du Saguenay sans avoir à s'inquiéter des coups de soleil. À la bonne heure !

L'eau du Saguenay est noire comme de l'encre. Au soleil, le contraste doit être encore plus étonnant. En ce moment, ça donne une ambiance un peu sinistre à l'endroit. Quand on lit ce que nous raconte *Bidoune* quant à la profondeur de l'eau, je comprends qu'il fasse noir là-dedans. J'en ai le vertige. 400 pieds de profondeur au minimum depuis qu'on est là. Après l'Île Saint-Louis on tape même plus de 600. Ça y'est. *Bidoune* pète des plombs. Il ne sait pas compter jusque là. Il flashe de partout pauvre petit.

Tout au long de ce parcours, il fait gris. Gris pâle en partant. Gris moyen derrière l'Île Saint-Louis. Et gris foncé foncé en arrivant à l'Anse Saint-Jean. Tellement que le ciel nous tombe sur la tête à un mille de l'arrivée. Bizarre : on n'est même pas surpris !

Arrivée à l'Anse Saint-Jean à 17h45. Heures à moteur : 4h15. Loch du jour : approximativement 20 milles. Avant le prochain départ, re-re-re-plein de diesel, vu qu'il ne semble pas y avoir moyen que l'on fasse de la voile on dirait !

Dès l'instant où l'on est entrés dans la baie de l'Anse Saint-Jean, j'ai recommencé à me pâmer. C'est beau ! On dirait qu'on est au beau milieu d'une carte postale. La Marina prend sa place au beau milieu d'une petite baie entourée des hauteurs de son Royaume. Pour une fois, pour l'une des rares fois du voyage en fait, l'appel au VHF reçoit une réponse intelligible et efficace. On nous suggère de préparer amarres et défenses à bâbord et on nous guide jusqu'au quai. Le maître des lieux nous attend pour nous aider à accoster. Il attache le bateau, nous demande si nous avons fait bon voyage, attend que nous descendions du bateau... et nous souhaite officiellement la bienvenue à l'Anse Saint-Jean en se présentant et en nous serrant la main ! 12 sur 10 pour l'accueil au Royaume de l'Anse Saint-Jean ! Votre Roi peut être fier de vous mon ami.

Tout ici, tant les gens que le panorama, témoigne de la Grandeur. Les sourires, l'accueil, le soleil qui sort juste à temps pour se coucher étincelant derrière les montagnes... Pas étonnant que l'endroit ait inspiré le dessin sur les billets de 1 000 $. Les graphistes devaient chercher une représentation de richesse. L'Anse Saint-Jean les aura comblés. Mais écoutez bien mon conseil : la prochaine fois que vous manipulerez un billet rose, si vous voulez vraiment profitez de sa valeur, partez vite au Royaume de l'Anse Saint-Jean ! Là, vous en aurez pour votre argent !!!

Je me sens boulimique de la vie. Je n'arrête pas de m'exclamer. Si je ne me retenais pas, je pense que je ronronnerais comme un chat, mais fort fort fort. Je grognerais d'aise mais ça manquerait d'élégance. J'en veux, j'en veux, j'en veux encore. Mes yeux restent grands ouverts, sans oser cligner de peur d'en manquer des bouts. Je respire à fond, la bouche ouverte, en espérant que ce décor me pénètre et m'habite la tête par en-dedans. Tout est parfait ici. Calme et grandiose. La perfection de vie en trois dimensions. J'aimerais pouvoir rester ici pendant une semaine, à contempler, à lire, à contempler encore. On pourrait sortir le jour, faire de la voile sur le Saguenay, et rentrer à quai à la fin du jour pour un petit porto au coucher du soleil et un festin tranquille, avant de se laisser bercer par le murmure du silence...

* * *

Mais, devinez ce qui arrive dans la vraie vie ? Les vacances sont tellement courtes...

Je regarde les heures de marées pour demain. Oh, juste pour savoir si on sera en haut ou en bas en déjeunant ! Pleine mer supérieure 07h20. À tous hasards, j'en profite aussi pour faire les calculs pour Tadoussac : Pleine mer 07h12, basse mer 13h28.

La route programmée à *Garoù* pour monter ici mérite d'être révisée. On l'a pitonnée au fur et à mesure qu'on montait, marquant d'un way point chacun des endroits où l'on changeait de cap. En vérifiant tout ça sur la carte, je me rends compte que quelques points doivent être ajoutés. J'ai sans doute omis d'en entrer 2 ou 3, ce qui suffirait à nous faire nous planter sur un cap ou dans une île en cas de brouillard, réputés fréquents dans les parages. Il me faut y travailler un peu.

Au moment d'aller au lit, j'ajuste le réveil pour demain.

* * *

Samedi 22 juillet. Malgré la perfection de l'endroit, c'est plus fort que nous. Douches rapides, pot de café préparé et voilà, ils sont partis ! Il est 07h30. Le Roi dort encore, Vive le Roi !

À 08h40, nous passons au sud de l'île Saint-Louis. Nous avons parcouru environ 6,2 mn. À 09h35, on maintient une vitesse de 6,2 pile ! À moteur, bien sûr puisque aujourd'hui le vent souffle, devinez d'où ? Plein Est. Tantôt, quand le parcours du Saguenay piquera un peu plus Sud-Est, évidemment, le vent fera de même. Toujours en pleine gueule. Paraît que c'est l'fun faire d'la voile sur le Saguenay. Dommage. On verra ça une autre fois.

Il fait froid aujourd'hui. Gris, cracheux[22] et froid. On est habillés comme des mitaines. J'ignore ce que ça donne comme image mais c'est comme ça que je me sens. Une mitaine qui a froid au pouce au mois de juillet. Dans le fond, il manque juste un peu de soleil. Ou 20 degrés. C'est tout...

Arrivés pas fâchés à la Marina de Tadoussac à 11h05. La route aurait pu être belle. Elle n'a été que longue et froide.

Bidoune dit 20,3 au loch du jour. En 3h30. 5,8 nœuds de moyenne.

20,3 milles de moteur. Pour un voilier, c'est long. C'est une vie. Une saison. Aujourd'hui du moins, après Oka

---

[22] Comme dans temps de crachin.

– Tadoussac – Anse-Saint-Jean, revenir à Tadoussac au moteur, encore une maudite fois, ça me fait mal au cœur. Pour un été comme celui-ci, deux semaines de vacances ne suffisent pas. Il nous aurait fallu un mois pour faire la même route à voile. Dans le sens de : il vente systématiquement à l'envers de nous depuis deux week-ends plus une semaine. Je ne peux pas croire que ça ne va pas finir par virer de notre bord.

* * *

Tout comme lorsque nous sommes arrivés avant-hier, il fait chaud dès l'instant où nous descendons du bateau. C'est vraiment rigolo : les gens portent short et petit chandail sur les quais et ceux qui arrivent portent bottes, tuques et gants. L'effet est saisissant.

René donne un coup de fil à ses parents. Nous ne leur avons pas parlé depuis vendredi. Le téléphone cellulaire ne captait pas les ondes à l'Anse Saint-Jean. Nous n'avons donc donné de nos nouvelles à personne. Mais puisque nous étions sensés passer la journée d'hier à Tadoussac, sans bouger, nous savions qu'aucun de nos anges-gardiens ne serait inquiet.

- Allô Ducky ? Où êtes-vous ?
- On s'en vient vers vous. On a quitté Cap-À-l'Aigle il y a à peu près 2 heures. Je pense qu'on devrait arriver à Tadoussac dans deux heures.

Yeah ! René est content. Très content. Son père va enfin toucher le Saguenay avec l'étrave de son bateau. Mon ange sourit.

Après le lunch, on décide d'aller se balader. On a le temps de faire le Sentier de la plage vers la Maison des Dunes et revenir attendre le Ducky à quai. Ça, c'est le scénario annoncé. Mais je trouve que 2 heures pour franchir 20 milles seulement, avec un Ducky pour porter son équipage, poussé en plus par la fin du baissant, ça me semble un peu long.

Après la plage qui borde la baie, on grimpe les premiers galets. À peine arrivés en haut, je pointe un bateau en le montrant à René.

- Hey, regarde ! Ils arrivent !
- Pas possible. Il est beaucoup trop tôt !

On sort les jumelles et ça se confirme. Le Ducky fait fièrement son entrée dans la baie de Tadoussac. On sait qu'on n'a plus le temps de revenir à la Marina avant qu'ils accostent. Mais qu'à cela ne tienne ! On attend qu'ils passent aussi près de nous que possible et on leur téléphone.

- Salut Capitaine ! Hé Hé ! Mais c'est une vraie beauté de vous voir arriver ! Avec la Marie-Clarisse en arrière-plan, le Ducky nous offre vraiment un spectacle remarquable !
- (Silence surpris à l'autre bout du fil) Comment ça ? Vous nous voyez ?
- Regardez à droite, en haut sur les roches. Voyez-vous des bras ridicules qui font des simagrées dans les a i r s ? Ben c'est nous autres !

Ils se sont rapprochés assez pour qu'on puisse se prendre en photo mutuellement. Ils nous semblaient très près, et pourtant, sur la photo, le Ducky aura l'air bien petit à côté de toute cette immensité. J'imagine l'arrivée du *Griserie* et j'en frissonne encore de plaisir. J'aurais bien voulu avoir quelqu'un posté sur ces roches pour immortaliser notre arrivée...

Le reste de la journée se déroule en famille. Lyne arrive à la Marina presque en même temps que nous. Avec Luc et les enfants, elle a suivi le parcours de ses parents depuis le début de la semaine en les retrouvant à chacune de leurs escales. Tadoussac était définitivement sur la route des vacances de bien du monde ! Petit souper à bord du Ducky. Un souper de célébrations. Pour faire changement, je tombe au combat de bonne heure. Je quitte le bord du Ducky pour venir m'abandonner au plaisir de dormir sur mon bateau. Ma maison. Mon île.

* * *

Dimanche, 23 juillet. Aujourd'hui, on a vraiment décidé de prendre congé et de ne pas bouger. Et on a l'air d'être partis pour tenir promesse ! Petit-déjeuner au Ducky. Randonnée au Sentier de la Coupe, dans les hauteurs de Tadoussac. On y profite d'une vue hallucinante sur le petit *Griserie*, dans la petite Marina, avec l'immensité du Fjord et du Fleuve en arrière plan. Le tout baigné dans les dernières vapeurs de brume du matin. D'ici, on comprend aisément pourquoi Tadoussac a été retenue comme l'une des dix plus belles Baies du monde. C'est beau à couper le souffle. Après le lunch, le Ducky se prépare à larguer les amarres pour amener Lyne et les enfants voir les baleines. Nous préférons décliner l'invitation et rester sagement au bateau pour un moment de lecture tranquille. De toutes façons, René et moi ne supporterions pas de voir les enfants se promener sur le bateau pendant que le clapot s'amène... Rien que d'y penser, ça nous vire à l'envers. On est trop vieux et trop pissous pour ça je crois !

Calme après-midi à savourer l'instant. Un délice. Qui fait que nous sommes frais et dispos pour inviter François à venir nous rejoindre au bateau avec Sylvie, Simon et Benoit. Ils commencent leurs vacances et espéraient bien pouvoir nous croiser quelque part. Nous souhaitions tous que ça se passe à Tadoussac mais avions évité les prédictions hâtives pour prévenir les déceptions en cas de changement de plan de route inopiné. Mais tout se passe comme sur des roulettes. À part le fait qu'il commence à pleuvoir à peu près 3 minutes après leur arrivée (et que 6 personnes pour souper à l'intérieur d'un 23 pieds tient du défi Guinness) on passe un moment privilégié en leur compagnie. Pour tout dire, on ne souffre pas du tout d'être tous à l'intérieur. Notre bon *Griserie* avait encore gardé quelques surprises dans son sac. Il est encore plus spacieux que nous le pensions. Pas tout à fait cependant pour songer y accueillir des visiteurs en croisière. Dommage. J'aurais bien aimé pouvoir partager ça avec Simon et Benoit.

* * *

Avant l'arrivée de François, nous avons préparé notre plan de route pour demain.

Notre prochaine halte sera Rivière-du-Loup. On veut traverser le Fleuve. Aller voir l'île Rouge. Je sais que le bassin de la Marina se vide à marée basse à Rivière-du-Loup. J'appelle donc à la Capitainerie pour vérifier la profondeur d'eau à l'entrée. La responsable (!) ne sait pas ça. Elle me suggère de parler à un membre du Club. Ben oui. J'en connais beaucoup moi du monde à Rivière-du-Loup ! In extremis, elle me propose de s'informer et me demande de rappeler plus tard. Plus tard n'aide pas. Elle n'a trouvé personne qui savait ! On se fait donc le scénario pessimiste et visons au maximum 2 heures avant ou après la pleine mer là-bas. Ça donne entre 07h00 et 11h00 ou plus ou moins 21h40. La route que l'on retient fait environ 37 milles. On peut supposer une vitesse moyenne de 7 nœuds sur le fond, donc 5 heures de route. Aux livres, nous pourrions imaginer une vitesse encore plus importante, à cause du courant. Mais je sais et redoute tellement l'impact d'un vent contraire que j'hésite à être trop optimiste. Il nous faut aussi prévoir sortir d'ici à la fin du baissant du Fleuve ou à l'étale, sinon on se paie une rumba sous la coque en frappant le clapot du montant qui bouscule les eaux du Saguenay.

S'il faut tant se préoccuper du moment où l'on entre où sort de Tadoussac, c'est toujours à cause de la configuration du fond marin qui caractérise la jonction du Saguenay et du Fleuve.

La Rivière Saguenay s'amène ici avec ses quelques 200 mètres, parfois 250 et plus, de profondeur et d'élan. Devant la Pointe Noire, soit à peu près devant Tadoussac, le fond remonte brusquement (sinon très très brusquement !) à moins de 20 mètres, jusqu'à pas plus de 4 près des bouées S7 et S8. Déjà, cela aide à imaginer le scénario. Mais en prime, ce voyage d'eau qui déjà se bousculerait à la surface, même si elle était seule dans les parages, se bute en plus aux courants des marées du Fleuve Saint-Laurent. Au baissant, on suppose que la sortie des eaux du Saguenay se vit plus facilement mais on imagine bien qu'au flot, ce paquet d'eau ne sait plus par où s'écouler. D'où les clapots diaboliques qui se manifestent parfois. À ce scénario ajoutons maintenant le courant du Labrador qui, bien que discrètement, remonte toujours le Fleuve par le fond, en provenance du Labrador. Ces eaux froides, qui font à peine quelques degrés au dessus de zéro (quand ce n'est pas −2°), arrivent du Nord chargées de vie, chargées entre autres de *krill*, ce plancton luminescent[23] qui constitue l'essentiel de l'alimentation des mammifères marins. Lorsque les eaux du courant du Labrador frappent le Haut-Fond Prince et les eaux descendantes du Saguenay, elles se voient carrément retroussées à la surface, ce qui crée un généreux garde-manger pour les cétacés. Et qui crée forcément ce défi pour les plaisanciers. Surtout lorsque des vents contraires décident d'être de la partie. Un défi qui peut vite tourner au cauchemar pour les téméraires, les inconscients ou les malchanceux.

---

[23] Par luminescent, on veut dire pratiquement phosphorescent, ce qui le rend visible dans l'eau la nuit et qui fascine et attire tant de plongeurs de nuit.

Voici donc les données du jour. Basse mer à Tadoussac : 02h33 ou 14h58. Nous pouvons donc partir autour de 04h00 pour arriver vers 09h00 ou encore partir à 16h25 pour arriver là-bas vers 21h25. Une fois passé le Haut-Fond Prince, l'autre bord de la Toupie, nous commencerons à profiter du montant qui nous mènera doucement jusqu'à notre destination. Pff! Facile!

* * *

Lundi 24 juillet. Réveil à 03h45. Pas besoin d'ouvrir les yeux, j'ai déjà compris. La sirène de la Pointe Noire déchire l'aube. Ça ne s'époumone pas inutilement ces petites sirènes là. Elle crie pour révéler la côte à travers le nuage de brume.

Pour m'en assurer, je sors la tête par le hublot. Effectivement, un filet de brume à la sortie de la baie cache le large. Ici, tout est bien clair mais au large, ça semble un peu obstrué. Et on peut se fier au signaux de brume pour confirmer la chose. Dommage, mais notre départ devra attendre. Je reviens sous les couvertures avec l'intention d'y rester. René semble un peu plus contrarié. Ou du moins, il veut aller vérifier que je ne saute pas trop vite aux conclusions. Tout d'un coup que la brume serait en train de lever. Il décide d'aller voir ça de plus près. Si je me suis inquiétée pour rien, il revient me chercher et on part immédiatement.

Je reste au lit mais n'arrive pas à me rendormir. Il me semble toujours que je vais l'entendre courir sur le quai en revenant au bateau pour appareiller en vitesse. Au bout d'une demi-heure, je comprends que ça a l'air sérieux puisqu'il ne revient pas.

Je le retrouve en pleine conversation avec notre tour-du-mondiste aux yeux bleus. Nous ne l'avions pas remarqué mais l'Alcyone est dans la baie depuis hier. Son Capitaine avait repéré notre *Griserie* cependant.

L'image de ces quatre yeux bleus se racontant la mer et le monde, le regard presque hypnotisé portant loin derrière l'horizon brumeux, est d'une grande beauté. Elle offre tout un spectacle à mes yeux endormis et donne un ton de doux miracle à la journée qui s'amorce.

Le Capitaine de l'Alcyone retourne à son bord. Il souhaitait aussi partir ce matin et remonter le Saguenay avec des amis qui l'accompagnent pour quelques jours mais les conditions de visibilité l'ont aussi fait modifier ses plans. Ça sera pour la prochaine marée. On se dit adieu, encore une fois. On est sous le charme, encore une fois.

Pas surprenant. L'alcyon est un oiseau fabuleux tiré de la mythologie grecque. Il était reconnu pour ne faire son nid que sur une mer calme. Sa rencontre était tenue pour un heureux présage. Comment ne pas être sensible à sa présence ?

En le voyant lever l'ancre plus tard, cet après-midi là, on réalisera qu'on ne connaît même pas son nom... le genre de bêtise qui laisse de sérieux remords dans son sillage...

Assis tous les deux sur les galets de la Pointe de l'Islet, René et moi contemplons le duel que se livrent doucement la mer et la brume. Tantôt, quand René était assis seul ici et que la brume était encore au large, une baleine est venue le saluer en faisant une cabriole juste pour lui, à quelques mètres des rochers. Il n'a pas applaudit. Il a juste remercier, la vie.

En ce moment cependant, la brume venue du large s'avance comme un paquebot géant et envahit doucement la baie. En moins de temps qu'il n'en faut pour l'écrire, on voit cette bête progresser régulièrement, à la vitesse d'un homme au pas de course, vers l'Hôtel Tadoussac. Un regard vers la Pointe Noire qui est maintenant presque totalement voilée et retour sur l'Hôtel... Y'a plus d'Hôtel ! Le brouillard l'a fait disparaître dans sa couverture opaque. On ne voit plus 50 pieds devant nous. Il y a environ 10 minutes, on a vu deux bateaux quitter la Marina pour se diriger vers le Saguenay. On les a trouvés bien téméraires. Il y avait un bateau à moteur d'une trentaine de pieds, équipé d'un radar, et un voilier sans radar, visiblement décidé à se coller à son copain en cas de pépin. Mais tout de même. On les a regardés passer en se disant : « ouais, y'en a qui ont plus d'expérience que nous hein ? ». À peu de choses près, ils ont failli nous impressionner...

Ils nous impressionnent pas mal moins en ce moment. On ne les voit même pas revenir mais on entend le bruit de leurs moteurs, juste à droite. On devine juste assez leur ombre pour les reconnaître : nos deux rigolos de tantôt se paient la frousse de leur vie. Le voilier se fait traîner par le bateau moteur tellement il n'y voit rien. Sans une corde les reliant tous les deux, il ne verrait pas son chum à moins de 10 pieds. Ils ne voient sans doute pas le nez de leur bateau ni l'un ni l'autre. Ils passent à une trentaine de pieds des rochers, tout au plus, et contournent de justesse les bateaux des croisiéristes encore accostés au quai. Plus tard, quand le brouillard se lèvera, nous les retrouverons tous deux ancrés (sinon échoués) dans le fond de la baie. Ils n'ont évidemment même pas pu rejoindre leur place à quai. Je suppose qu'ils ont célébré une messe en l'honneur du radar qui les a sortis de là. Sinon, ils auraient dû.

C'est fou. En partant au moment où la brume s'avançait, ils laissaient croire qu'ils étaient très expérimentés et savaient ce qu'ils faisaient. Pourtant, ces deux-là sont précisément le genre de clowns qui font se répandre la mauvaise réputation du Fleuve et/ou de la région de Tadoussac. Ils sont de ceux qui ne racontent que leurs drames au retour. Et se prétendent navigateurs.

Le meilleur et le plus savant navigateur ne mérite pas la mer s'il ne l'aborde pas avec respect. Le marin ne mérite pas la mer s'il ne l'écoute pas d'abord. Il ne mérite pas la mer s'il ne l'observe pas en silence. Et il ne mérite surtout pas la mer s'il est convaincu qu'il la mérite.

Cette histoire illustre bien ma façon de voir les choses. Oui, un radar peut être un précieux allié, advenant le cas où l'on se fait surprendre par le brouillard en cours de route, ou juste avant d'arriver à destination et qu'on n'a plus la possibilité de rebrousser chemin. Mais s'il peut, dans ces cas, remplacer les yeux du capitaine, jamais, au grand jamais, le radar ne pourra remplacer le bon jugement d'un navigateur. Et quand on ne voit rien 10 pieds devant soi... ben, on ne voit rien 10 pieds devant soi, un point c'est tout. Radar ou pas.

Le brouillard commence à se dissiper vers 10 heures seulement. On le voit quitter les lieux doucement, en grimpant les montagnes derrière.

Au fur et à mesure que le temps passe, le soleil nous aveugle à travers les trous qu'il cause au couvert de brume. Et une agréable chaleur s'installe dans l'air pendant que l'on rêve déjà à l'heure du prochain départ.

* * *

Je connais un marin

Je connais un marin
Que la mer a usé
Comme ces rochers bruns
Qui trainaillent leurs flancs
Aux abords du littoral battu.

Je connais un marin
Que les vents ont séché
Comme ces oursins blancs
Qui perlent le rivage
Et n'ont plus de piquants.

...

Je connais un marin
Que la mer a taillé
C'est un homme rugueux
À l'encontre des vents
Comme ces récifs bruns

Ce n'est pas de moi. Dommage. Ce poème est peint sur un mur dans le magnifique village de Terre-de-Haut, à l'archipel Les Saintes en Guadeloupe. Le poète Saintois qui a le bonheur de l'avoir commis s'appelle Raymond Joyeux.

Cet écart de décor traduit à peine notre état d'âme du moment. Ce n'est pas l'endroit où nous sommes. Nous sommes en voyage. Donc, partout ou nulle part à la fois. C'est la mer qui nous fait flotter comme ça...

* * *

Nous quittons finalement la Marina de Tadoussac à 15h05. Excités comme si nous nous rendions à un rendez-vous amoureux. Avec un sentiment de liberté si intense... On s'en va vers ailleurs.

Il n'y a pas une once de vent sur l'embouchure du Saguenay. Lorsqu'on regarde au loin, vers la rive Sud du Fleuve, on voit un filet de brume qui traînasse au ras de l'eau. Juste un mince filet pour masquer à peine la terre. Un ruban magique qui entoure le Fleuve, comme le ruban d'un cadeau.

À la bouée de mi-chenal Saguenay on coupe le moteur. Un léger frisson de vent arrive jusqu'à nous. En silence, avec un éclair de fébrilité au coin des yeux, on détache le taud de la grand'voile pour la toute première fois du voyage.

Au mâ-ât hisson-ons les voi-les
Le ciel est pur et beau

Dès que la grand'voile est montée, j'envoie le génois. Enfin. Nous y voilà. À voile, sur notre *Griserie*, à quelques brasses de la Toupie qui, depuis ce matin, hurle au vent et à l'homme sa troublante chanson d'amer.

Le seul bruit qui puisse actuellement déranger sa plainte mélodieuse est le souffle des baleines. Si fort et si près qu'on ne sait plus où regarder. Le bateau avance à peine, ce qui nous laisse tout le temps voulu pour regarder partout. En prime, ça nous donne bonne conscience puisqu'à ce rythme, nous ne croyons pas déranger les mammifères marins.

La rencontre du Fleuve et du Fjord du Saguenay crée un milieu exceptionnellement riche. C'est pourquoi l'été, ces grandes visiteuses viennent s'y nourrir. Généralement, rorquals communs, petits rorquals, parfois baleines bleues, bélugas ou baleines à bosse sont aussi de la fête.

En ce moment, nous croyons reconnaître surtout des dos de rorquals communs. 40 tonnes de baleine à la fois ! Le souffle du rorqual commun peut atteindre 4 à 6 mètres de hauteur. Ses plongées durent de 5 à 15 minutes. Nous avons donc un drôle d'air à chaque fois que nous en voyons un venir dans notre direction et plonger : nous avons toujours l'impression qu'il va ressortir dessous le bateau. À travers le bruit étonnant de tous ces souffles, nous demeurons totalement absorbés par la scène. Un dos, un souffle, un groupe de bélugas à quelques dizaines de mètres, le Phare du Haut-Fond Prince qui hurle sa note sans se lasser, l'Île Rouge juste un peu plus loin, le tout baigné d'un soleil diffus et entouré de ce qui semble tout à coup être un éternel filet de brume. Une heure d'éternité divine à jouer avec des géants.

Soudainement prise d'un élan de spiritualité presque comique je dis à voix haute : « Approchez-vous mes jolies. Venez nous voir. Vous ne serez pas déçue. Nous sommes calmes et respectueux. Si vous vous approchez, je vous jure que nous prendrons le temps de respirer avec vous. Vous ne vous sentirez pas au cirque... »

Presque au même moment, on voit un groupe de bélugas derrière nous, peut-être à 30 mètres. Deux d'entre eux semblent venir vers nous. René et moi sommes postés à l'arrière du bateau. Nous voyons une maman et son petit s'avancer directement sur nous, par l'arrière. Nous avançons à peine ce qui leur laisse même le temps de jouer en s'approchant. Leur nage est sereine et paisible. Leur présence nous touche au cœur, surtout lorsque la maman, arrivée à un mètre du bateau, se sort doucement la tête, la tourne de côté et nous regarde directement de son oeil intensément bon. En fait, je dis nous mais c'est René qu'elle a regardé dans les yeux. Ou par-dedans les yeux. Nous ne saurons jamais.

Je tenais la caméra vidéo d'une main distraite. J'y ai capté l'approche de maman et fiston mais j'ai raté le coup d'œil. Ce moment restera à jamais le privilège de notre seule mémoire.

Il faut croire cependant que ce qu'elle a vu ou senti du *Griserie* et de son équipage a dû lui plaire puisque nous avons été escortés par des groupes de bélugas presque tout au long de cette journée jusqu'à notre arrivée à Rivière-du-Loup. J'ai eu l'impression que les baleines nous remerciaient de faire de la voile. Qu'elles nous remerciaient de ne pas les déranger. De passer doucement, sans bruit. Dans la lueur de cette journée magique, l'Île Rouge s'est dévoilée sous une lumière fascinante. Comme tout le reste.

Les sentiments d'extase ressentis en ce jour précieux ne s'effaceront jamais de ma mémoire. Un seul de ces instants vaut à lui seul tous les efforts et toutes les incertitudes du voyage. La plainte de la Toupie hantera d'ailleurs nos oreilles jusqu'au lendemain. Et elle restera imprégnée dans nos âmes à tout jamais.

* * *

Route totale du jour : 5 heures. Environ 3h30 à voiles seulement, presque arrêtés, à jouer avec les bélugas.

Brusque changement d'ambiance. Changement de décor.

Arrivée à Rivière-du-Loup : 20h00. Aucun accueil, aucune réponse sur la radio. Au téléphone, c'est la serveuse du resto qui me répond... ni plus ni moins qu'elle n'en n'a rien à cirer du trou à bateaux qu'elle a dans la face, mais en moins clair. La Marina est tristement sinistre et a l'air d'un lieu abandonné.

Pour souligner dignement cette journée exceptionnelle, et pour nous faire oublier le décor actuel, on se fait le cadeau d'ouvrir le Château Puy Fromage que François m'avait offert. Les boucles jaunes de mon anniversaire sont toujours dessus. On se couche dès après le repas, en ayant déjà pris soin de vérifier la première heure à laquelle nous pourrons sortir de ce bassin boueux qui a présentement d'étranges parfums de marée basse tachée de mazout.

Je chiale un peu mais au fond, l'état lamentable du bassin témoigne simplement d'une triste réalité qui affecte la plupart des marinas situées sur les rives du Fleuve Saint-Laurent.

Notre magnifique Fleuve et ses puissants courants marins provoquent immanquablement d'importants déplacements de vase par les fonds. Aussi, il est à peu près entendu que tout lieu dragué artificiellement tendra à s'envaser de nouveau, naturellement, en quelques années.

Le drame se joue plus cruellement encore lorsque les réglementations gouvernementales s'en mêlent. Non seulement les opérations de dragage coûtent-elles une petite fortune, mais les marinas qui souhaitent les réaliser se doivent de présenter des études d'impacts parfois presque aussi coûteuses que le dragage lui-même. L'effort financier que ça représente ne peut que très rarement être supporté par les quelques membres permanents de chaque Club. Aussi, les marinas finissent-elles par être de moins en moins accessibles et forcément de moins en moins fréquentées. Quand, comme ici à Rivière-du-Loup, les membres du Club finissent par s'exiler à Cacouna ou ailleurs, la Marina prend définitivement les allures d'un lieu abandonné. Abandonné et essentiel à la fois. C'est étrange et extrêmement malheureux.

* * *

Mardi 25 juillet. Une priorité aujourd'hui. Sortir d'ici. Dès qu'il y aura de l'eau sous le bateau, on décolle ! On verra une fois dehors où on choisira d'aller. Y'a des urgences qui hypothèquent les principes des plus puristes prévoyants !!!

Basse mer à 03h55. Profondeur annoncée à la basse mer : 4,7 pieds à ajouter au zéro de la carte. Sauf que le zéro de la carte ici devrait dire 3 pieds de boue au lieu de 0,4 pieds d'eau. Difficile d'être capable de faire quelque calculs que ce soit. On va devoir s'en remettre à *Bidoune* et attendre qu'il y ait, disons à peu près 4 pieds ou 4 pieds et demi d'eau sous le bateau. Et prier pour que tout le bassin soit envasé égal...

Départ de Rivière-du-Loup à 08h30, soit 1h30 avant la pleine mer ici. On a beau se faire des promesses de coups de tête et d'inconscience, on n'est tout de même pas bêtes ! Destination Cap-à-l'Aigle.

Pour traverser, nous empruntons la route du traversier de Rivière-du-Loup – Saint-Siméon soit la Passe de l'Île-aux-Lièvres. Tout ce qu'on pourrait dire ici ne serait qu'un pâle reflet de la splendeur de notre Fleuve. Le simple souvenir de ces images fera encore s'illuminer mes yeux plus de 6 mois plus tard quand j'y reviendrai en hiver.

Une fois rendus du côté Nord de la passe, nous coupons les moteurs, sans même lever les voiles puisqu'il n'y a pas une once de vent, et nous laissons les mammifères marins faire de l'observation d'humains. Comme ça nous est arrivé à chaque navigation depuis le jour où nous sommes entrés dans le Parc Marin du Saguenay – Saint-Laurent, nous voilà entourés de bélugas. Quelques-uns d'entre eux nous ferons le même cadeau que la maman d'hier. Plusieurs passent même sous le bateau. On jurerait qu'ils jouent avec nous.

Au bout d'environ une heure de jeu nous mettons fin à cette pause tendresse. De force. Car il nous faut absolument gagner Cap-à-l'Aigle avant le retour du jusant. Je fais un tapage du tonnerre sur le bateau pour les inviter à s'éloigner. Elles semblent comprendre mon message et s'en vont doucement, comme elles sont venues.

Nous repartons à voiles. Cap-au-Saumon, dans le calme, est d'une étonnante beauté. Les bâtiments du phare, rouges et blancs, se découpent en bijoux dans l'écrin de verdure du Cap et de l'eau. Une vraie carte postale.

Le bonheur. Voiles : 2, moteur : 0. Comme si on était en train de gagner une manche contre le temps. Il a mené jusqu'à présent mais on dirait bien que le vent vient de tourner de notre bord ! Enfin. Le mouvement du bateau fait siler l'hélice qui tourne sur elle-même dans le silence. Vent de cul à 10-15 nœuds. Voiles en ciseaux. Wow. C'est précisément pour des moments comme celui-là qu'on n'a pas choisi de jouer au golf !

Nous affalons les voiles à 14h45 et accostons à la Marina de Cap-à-l'Aigle à 15 heures. Aujourd'hui, nous avons juste un peu suivi *Garoù* et n'avons pas compté beaucoup. Les contraintes étaient moins nombreuses. Nous en avons profité pour être un peu plus paresseux.

Log total à ce jour : 389 milles nautiques depuis le départ de Oka.

Pause-détente de fin d'après-midi avant d'aller nous dégourdir les pattes en marchant dans Pointe-au-Pic. Petit souper dans un resto sympathique presque déserté parce qu'il fait gris et un peu froid... pour le reste du monde. Quant à nous, habitués au froid de la mer, nous nous baladons en petite blouse et chemise légères. Les gens nous regardent avec un air bizarre et des yeux ronds comme si nous étions des extraterrestres. Ça adonne bien. C'est à peu près comme ça qu'on se sent !

* * *

Mercredi 26. Jour de repos à Cap-à-l'Aigle.

Ducky est arrivé ici hier soir pendant que nous étions au Casino. Ce matin, ils ont appareillé de bonne heure et après un petit-déjeuner ensemble au restaurant, ils ont largué les amarres pour se rendre à Berthier-sur-Mer. C'est là qu'ils feront la pause.

Quant à nous, nous profitons de la journée pour faire quelques courses et se faire de nouveaux amis. Nos voisins de quai sont de Lévis. Ils préfèrent Cap-à-l'Aigle à bien d'autres endroits pour le plaisir d'y faire de la voile. Sans être trop à la merci des hauts-fonds et des courants trop puissants. Chez eux comme chez bien d'autres, la voile n'est pas qu'un simple sport ou un loisir : c'est un univers de passions. Ni plus, ni moins. Elle semble barrer des voiliers depuis toujours. Lui a même fait déborder sa passion à sa vie professionnelle : il répare des coques de bateaux. Récemment, il a peinturé la coque du voilier Océan, de son bon ami Georges Leblanc, qui s'y embarquera comme skipper dans quelques jours pour la course Transat du Millénaire.

L'heure du dodo vient vite. Le départ sera tôt demain.

* * *

Jeudi, 27 juillet. On fera route vers Berthier-sur-Mer aujourd'hui.

Partis de Cap-à-l'Aigle à 05h45. Beaucoup trop tôt. Nous n'avons pas vérifié la durée de l'étale ce qui nous fait nous planter pendant 3 heures face à une fin de baissant qui s'éternise et nous gruge le peu de vitesse que nous avons.

Notre route programmée au GPS est beaucoup trop au large pour un départ aussi hâtif. On doit les revoir en longeant la côte de plus près.

Progresser à 1 ou 2 nœuds pendant trois heures, c'est une vie à 6 heures le matin. Je suis tellement tannée de voir le Manoir Richelieu, ça ne se dit même pas !!!

On se fixe un way point décision à 47°26'36''N 070° 12' 19''W, au beau milieu du Fleuve, à peu près 2 milles avant la H68 qui marque l'entrée de la Traverse Saint-Roch. Le choix se fera entre la Traverse du Milieu ou mon fantasme : la Traverse Saint-Roch. Mon défi personnel. Ce qu'il faut voir pour le croire. Le couloir de navigation qui passe le plus au Sud du Fleuve vis-à-vis l'Isle-aux-Coudres offre un contexte de navigation assez particulier merci. Le courant de jusant y passe à 8 nœuds à son plus fort. Le flot, presque autant. Pour une embarcation comme la nôtre dont la vitesse de coque ne

225

permet pas mieux que 6 nœuds, ça veut dire vivre, pour l'une des uniques fois de la vie du *Griserie*, une vitesse de déplacement sur le fond d'à peu près 14 nœuds ! On ne peut pas lui refuser ça. Le hic est que, par forts vents contraires, la Traverse Saint-Roch est à peu près impossible à naviguer puisque le chenal est très étroit et soulève un clapot phénoménal qui peut aisément faire s'échouer voilier. Depuis bien avant notre départ de Oka, j'espère pouvoir « faire » la Traverse Saint-Roch. Mais pas à n'importe quel prix. D'où mon « way point décision » programmé dans *Garoù*, décision qui dépendra du vent.

On arrive 1 heure trop tôt en face de la Pointe-du-Bout-d'en-bas de l'Isle-aux-Coudres pour profiter au maximum du courant de la Traverse Saint-Roch. Dommage, puisqu'il n'y a pas une once de vent pour contrarier nos plans. Nous passons la bouée H72 dans le calme plat total. La Traverse Saint-Roch ressemble à une innocente mare d'huile. *Bidoune* nous chuchote cependant une dizaine de nœuds. Tout de même !

À la sortie de la Traverse, le vent se lève doucement. De l'Ouest. Nous envoyons les voiles et roulons au près en nous dirigeant vers la Roche à Veillon. Le Capitaine savoure l'instant et s'allonge au soleil. Pour l'unique fois du voyage, je mets de la musique pendant que nous naviguons. Je préfère de beaucoup le silence sur un bateau. Tout le reste n'est pour moi que du bruit qui m'éloigne de l'instant. Mais, là… c'est pas pareil !

Yuri Buenaventura nous chante *C'est un beau roman, c'est une belle histoire* avec ses forts accents de soleil. Je danse en chantant à la barre. La croisière s'amuse.

Le temps est à la détente. Pourtant, nous avons encore plusieurs nœuds de flot qui nous poussent aux fesses. Je m'en rends compte en voyant s'approcher à toute vitesse la bouée cardinale du Banc de Beaujeu, devant l'Île-aux-Grues. J'avais sous-estimé ma dérive. Je m'en souviendrai pour toujours maintenant. Entre autres parce que j'ai été contrainte à partir le moteur pour me tasser de là à temps sinon, on se la mangeait en pleine gueule !

En arrivant devant Montmagny, le temps se couvre encore. La pluie commence alors que nous sommes à moins d'un mille de Berthier-sur-Mer. Nous y arrivons à 15h35, sous le regard amusé de l'équipage du Ducky qui, du grand quai municipal, nous regarde nous taper la vague du bateau Lachance en pleine gueule.

On est un peu tristes. Ça ressemble déjà à la ville. Et ça sent la fin des vacances à plein nez...

* * *

Vendredi 28 juillet. Ça achève pour vrai. Nous quittons Berthier-sur-Mer à 12h30, en plein étale. On roule à 5,6 sur le fond à la sortie, vent dans le nez, bien sûr.

On aurait souhaité s'arrêter au Yacht Club de Québec, pour finir notre histoire d'amour commencée avant le début des vacances. Mais le temps est favorable à ce que l'on continue alors on en profite.

Nous laisserons le bateau à Neuville pour la semaine. Avec le père de René, on organise ce qu'il faut pour récupérer mon véhicule resté à Berthier-sur-Mer. Et pour les deux prochaines fins de semaine, nous reprendrons notre scénario de convoyage vers Oka, tel que nous l'avons fait jusqu'à Berthier-sur-Mer avant nos vacances.

* * *

Sur le chemin du retour, je serai séduite par les flèches des nombreuses églises plantées sur chaque rive du Fleuve. Je n'ai pas l'habitude de tripper église, malgré Bob. Elles ont été témoins de notre histoire, comme peuple, souvent aussi de notre histoire maritime. C'est peut-être ce qui m'émeut d'elles. Y verrais-je une sorte de symbole de survie rassurante ? Ou d'espoir ? Je n'en ai aucune idée. Mais je sais que je trouve ça beau.

L'ennui du retour nous rend un peu paresseux dans notre navigation. Il faut dire qu'avec des bouées à chaque mille ou presque, on se sent un peu comme sur une autoroute, après avoir fait du hors-piste pendant deux semaines.

J'ai détesté la remontée du Lac Saint-Pierre. Un plan d'eau joli peut-être, vu du rivage ou en kayak. Mais à bord d'un voilier, qui en plus se paie un bon vent du Sud-Ouest en pleine gueule, ce plan d'eau est le lieu le plus pénible et détestable qui soit. C'est de loin l'endroit le plus haïssable de tout le voyage, plus qu'en prime, aujourd'hui, le temps est plutôt favorable. Sauf ce Foutu vent d'Est... qui n'arrive pas ! Qui eût dit que je finirais par l'implorer. Pas surprenant qu'il joue la sourde oreille. Avec tout ce que je lui ai fait entendre.

De plus, sur ce plan d'eau pas creux s'étendent d'innombrables plaques d'herbes qui bouchent les entrées d'eau des moteurs ou mieux encore, bloquent les hélices. Mon Capitaine a été obligé de plonger 2 fois (pendant que sa moussaillon s'inquiétait) pour aller déloger des mottes d'herbes qui étouffaient les efforts du moteur. Non seulement cela nous ralentit de façon drastique (nous n'avançons plus parfois qu'à 2 nœuds) mais en prime, ça fait chauffer le moteur qui a recommencé à cracher la boucane. J'en ai marre. J'haïs le Lac Saint-Pierre !

Le plaisir des vacances, c'est déjà du passé.

Quatrième partie

Retour en eau douce

Le Griserie est revenu à Oka le 13 août.

Après le choc d'une entrée à Montréal au beau milieu d'une course internationale de bateaux-cigarettes, et après le traumatisme du passage de l'écluse de Sainte-Anne-de-Bellevue par un chaud dimanche après-midi, le *Griserie* a glissé, fier et triomphant, sur un Lac des Deux-Montagnes rayonnant dans le soleil couchant.

Nous avons fait entendre notre retour à travers tout le village en lançant dans le ciel un long coup de corne de brume.

Nous avons ramené le *Griserie* directement à son mouillage, devant la maison, et sommes revenus de notre long voyage, en chaloupe, à la rame.

* * *

Avant le départ, j'écrivais presque à chaque matin. J'écrivais pressée, en me dépêchant de raconter ce que j'avais à raconter avant que commence ma journée de travail. Je manquais de temps pour écrire tout ce que j'avais envie d'écrire. J'avais tellement hâte d'être sur le bateau, pour enfin avoir tout mon temps. Tout mon temps pour écrire les paysages, mes impressions, mes délires…

J'avais embarqué des tonnes de papier. Avec la certitude que je trouverais le tour d'en manquer.

De tout le voyage, je n'ai pas barbouillé plus d'une page. Notre journal de bord était probablement plus détaillé que la moyenne, j'en conviens, mais je n'ai pas ajouté de pages à mon livre pour autant. À ma très grande surprise d'ailleurs. Pourquoi ?

J'avais du temps pourtant.

Et je n'ai pas écrit pendant le voyage.

Parce que. Parce que je n'ai jamais réussi à m'arracher les yeux du paysage, même si c'était pour le décrire avec des mots. Je n'ai pas écrit pendant le voyage, parce que je n'ai jamais été assez emportée par une réflexion pour souhaiter prendre le temps de l'immortaliser sur papier. Toute ma concentration, je la dédiais à l'instant. Je n'ai pas écrit parce que je n'avais pas le courage d'empêcher mon corps de danser avec le bateau, dans le mouvement de chaque vague. Je n'ai pas écrit parce que je n'ai pas résisté à l'enchantement du Fleuve. Parce que je n'ai jamais pu me résoudre à me soustraire de l'intensité du moment, même pas pour le raconter.

Comme Ulysse, hanté par le chant des sirènes…

La pluie me fascinait. Les orages m'hypnotisaient. La côte m'enveloppait. Les vagues me berçaient. Le rayon de soleil m'émerveillait. Le sourire tranquille de mon Capitaine m'enchantait. Pour rien au monde j'aurais voulu rater chacune des arrivées de mon Foutu Vent d'Est. J'ai savouré sa caresse, aussi contrariante puisse-t-elle être parfois.

J'ai voulu rire de chaque rond dans l'eau. Je l'ai fait. Je voulais sentir le vertige devant la Grandeur. Je l'ai fait. Je voulais aller à la rencontre de mon Fleuve. Je l'ai fait. Je n'ai pas toujours habilement ressenti les nuances entre l'excitation et la peur. Dans les deux cas, le cœur bat plus intensément. Mais c'est tout. Sauf qu'après l'excitation s'installe la paix. Je l'ai fait.

Nous avons profité voracement, avec gourmandise et passion, de chaque seconde de vie partagée avec notre Fleuve, ce Majestueux Saint-Laurent.

Quel privilège !

Échelle de Beaufort

Force en chiffre / Descriptif Beaufort / Nœuds / Km/h
Spécifications du vent
Mon commentaire

Force 0 / Calme / 0-1 nœud / 0-1 km/h

La mer est comme un miroir.
Très poétique mais pas rapide à voile !
Moment parfait pour se tartiner de crème solaire.

Force 1 / Très légère brise / 1-3 nœuds / 1-5 km/h

Petites rides sur l'eau. Aucune crête d'écume.
Vacances paresseuses. C'est l'heure du lunch.

Force 2 / Légère brise / 4-6 nœuds / 6-11 km/h

Vaguelettes, courtes encore. Ne déferlent pas.
Vacances heureuses. Pause-photos.

Force 3 / Petite brise / 7-10 nœuds / 12-19 km/h

Très petites vagues. Les crêtes commencent à déferler.
Parfois quelques moutons épars.
Là, on est super contents de ne pas avoir choisi le golf.

Force 4 / Jolie brise / 11-18 nœuds / 20-28 km/h

Petites vagues devenant plus longues.
Moutons franchement nombreux.
Avec notre Griserie, selon l'allure, ça commence à gîter
doucement.

Force 5 / Bonne brise / 17-21 nœuds / 29-38 km/h

Vagues modérées prenant une forme nettement allongée.
Moutons, bientôt embruns.
Ici, le vent commence à crier dans les haubans.

Force 6 / Vent frais / 22-27 nœuds / 39-49 km/h

Des lames commencent à se former. Les crêtes d'écume blanche sont plus étendues. Quelques embruns.
Ici, c'est la fille qui commence à crier dans les haubans !

Force 7 / Grand frais / 26-33 nœuds / 50-61 km/h

La mer grossit. L'écume blanche qui provient des lames déferlantes est soufflée dans le lit du vent.
Là, je commence à regretter le golf.

Force 8 / Coup de vent / 34-40 nœuds / 62-74 km/h

Oubliez ça pour tout de suite. On va en garder pour le prochain voyage, ok ?

Et ça continue comme ça jusqu'à l'ouragan en force 12. Mais ça, on veut pas savoir !

Marins d'eau douce...
en photos !

Au départ du Havre-Jacques-Cartier de l'Isle-aux-Coudres.
L'insaisissable immensité du Fleuve, déposée en miroir devant
l'étrave de notre petit voilier...

Coup d'œil sur le Phare du Haut-Fond Prince, affectueusement surnommé « La Toupie ».

Un béluga à nos trousses. L'image est dans le bon sens : voyez mon reflet, pendant que je prends la photo !

Le Griserie, se reposant fièrement de son grand voyage.

Rocky, sur l'Amerigo, notre premier voilier. Rocky nous a quittés le 21 août 2001, avant d'avoir eu le temps de dévorer la version finale de mon premier livre.

Salut vieux. Bons vents. xx

Achevé d'imprimer
à Montréal
en l'an 2001
par
des Livres et des Copies inc.